第3版

格差社会論

Unequal Society

編著
熊沢由美
佐藤康仁

著
板 明果
阿部裕二
王 元
郭 基煥
佐藤 純
谷 達彦

同文舘出版

第3版　はしがき

　本書は東北学院大学経済学部共生社会経済学科の専門教育科目である「格差社会論Ⅰ・Ⅱ」の教科書として企画されたものである。この講義は，専門分野の異なる複数の教員によるオムニバス形式で開講されているものであり，共生社会経済学科の特徴ある講義科目の1つとなっている。

　2011年に「格差社会論Ⅰ・Ⅱ」の講義を始めるにあたり「講義資料集」を作成し（東北学院大学社会福祉研究所編『福祉社会論』，東北学院大学社会福祉研究所研究叢書Ⅷ，pp.23-188に所収），2016年には『格差社会論』（野崎明編著，同文舘出版），2019年には『新版　格差社会論』（佐藤康仁・熊沢由美編著，同文舘出版）を出版した。その後の制度等の改変や統計データの公表，さらには，新型コロナウイルス感染症の感染拡大という状況を受け，大幅な改訂を行ったのが本書である。

　本書は8名の執筆者による共著であり，第Ⅰ部「日本の格差」，第Ⅱ部「世界の格差」の2部構成となっている。新たな執筆者も加え，応用計量経済学，社会保障論，加齢経済論，中国社会論，差別論，西洋経済史，財政学と，広範囲にわたる専門領域から格差を論じている。その視点や方法論も多様で，それゆえ，本書の各章の記述には相互に異なる見解や重複もみられるかもしれないが，本書の出発点となっている講義の特色からくるものであり，本書のユニークさとしてご理解いただければ幸いである。

　さて，私たちはなぜ格差を問題とするのか。その論拠はさまざま考えられるが，ここでは，初版の『格差社会論』をめぐる質問から考えてみたい。「女性が家事・育児に専念したいと考えて仕事をやめる。その結果，女性の勤続年数が短くなって女性の賃金が下がる。しかし，この男女の賃金格差は女性自身の選択によるものだから問題ではないとする意見もある。そうした意見に対し，どのように答えるのか？　格差を問題として取り上げるのはなぜなのか？」という質問である。

i

格差を問題にする理由の1つは，賃金格差の要因は女性の勤続年数の短さ，というような，単純な因果関係とは考えられないことである。そうした因果関係が明確であるならば，確かに，格差があっても納得できるかもしれない。しかし，例えば本書の第2章でみるように，勤続年数は男女の賃金格差の1つの要因ではあるものの，それ以外にもさまざまな要因が絡み，かつ，それらの考えうる要因をすべて調整したとしても男女の賃金格差はなくならない。つまり，本人の経歴などを評価した結果の格差ではなく，そうしたものでは説明できないところにも格差の要因が潜んでいるのである。格差といわれるものの多くが，このように理不尽なものではないだろうか。だからこそ，格差の要因を個人に帰するのではなく，社会の問題として捉え，是正を図る必要があると考えられる。

　格差を問題にする理由のもう1つは，格差による問題が多くの人に起こりうるからである。上記の質問で想定されているのは，結婚し，夫に安定した収入があり，専業主婦になることができる女性である。賃金がなかなか上がらず，雇用にも不安定な側面があり，さらには未婚率も上がっている中で，そうした選択ができる女性が多いとは考えにくい。つまり，男女の賃金格差を「女性の選択の結果」として受け入れられる層は決して多くないと考えられる。単身で生きる，あるいは夫の賃金や雇用が不安定なために働かなくてはならない女性にとって，男女の賃金格差は貧困や生活困難につながりうる。そうした問題が多くの女性たちに起きているとすれば，その格差はやはり社会の問題として取り組むべきものではないだろうか。

　かつて，一億総中流社会といわれた日本ではあるが，近年では正規・非正規の雇用形態による格差や子どもの貧困などが問題視されるようになっている。所得格差の拡大とともに，健康状態や教育など，さまざまな格差の存在も感じさせられる状況にある。また，世界に目を向ければ，格差が拡大している国や地域もみられ，その歴史的背景や是正の取り組みなどもさまざまである。このような状況において，格差の現状や動向を知ることは，格差への取り組みを考えるうえで重要である。本書が社会に存在するさまざまな格差

について，理解を深めるきっかけとなれば幸いである。

　最後になるが，今回の出版において，同文舘出版株式会社の青柳裕之氏と高清水純氏に大変お世話になった。両氏の協力なしには，本書が出版まで漕ぎつけられなかったといっても過言ではない。深く感謝の意を表したい。

　　2023年1月

　　　　　　　　　　　　　　　　　編著者を代表して　熊沢 由美

CONTENTS

●目次

第3版 はしがき　　　*i*

第 I 部　日本の格差

第1章　日本の所得格差と格差測定の方法

1 はじめに ·· *4*

2 戦後日本の所得格差 ··· *4*

　1．復興期（1945年〜1950年代前半）—————— *6*

　2．高度経済成長期（1950年代後半〜1970年代前半）—— *7*

　3．安定成長期（1970年代前半〜1980年代前半）——— *8*

　4．バブル経済（1980年代後半）———————— *10*

　5．バブル経済崩壊と停滞期（1990年代〜）———— *11*

　6．小括 ———————————————— *13*

3 所得格差を測る ·· *14*

4 おわりに ··· *21*

v

第2章 雇用格差と健康格差

1 はじめに ……26

2 雇用格差 ……26

1．正規雇用と非正規雇用 ……26
2．男性と女性 ……33
3．同一価値労働同一賃金 ……37
4．ワークシェアリング ……38
5．新型コロナウイルス感染症と雇用格差 ……40
6．雇用格差のまとめ ……42

3 健康格差 ……43

1．健康状態を決めるもの ……43
2．所得と健康 ……44
3．結婚と健康 ……47
4．非正規雇用と健康 ……48
5．健康への取り組み ……49
6．健康であるために ……50
7．健康格差のまとめ ……52

4 おわりに ……53

第3章 世代間格差

1 はじめに ………………………………………………………………… 58

2 2つの世代間格差 ……………………………………………………… 58

1．一時点における世代間格差 ……………………………………… 58

2．生涯を通じた世代間格差 ………………………………………… 59

3．問題は「生涯を通じた世代間格差」 …………………………… 61

3 世代間格差をもたらす要因 ………………………………………… 62

1．巨額の政府債務の存在 …………………………………………… 62

2．人口の減少・高齢化 ……………………………………………… 64

3．財政・社会保障制度―受益と負担の構造 …………………… 64

4 世代間格差を測る―世代会計入門 …………………………… 67

1．世代会計とは何か ………………………………………………… 67

2．世代会計でみる日本の世代間格差 …………………………… 69

3．世代間格差の源泉 ………………………………………………… 71

5 世代間格差に対する見方 …………………………………………… 72

6 シルバー民主主義と世代間格差 ………………………………… 73

7 新型コロナウイルスの感染拡大と世代間格差 …………… 75

8 おわりに ………………………………………………………………… 76

第4章 格差と貧困

1 はじめに ……84

2 拡大化する貧困概念 ……85
1. 絶対的貧困と相対的貧困 ……85
2. 剥奪と排除 ……88

3 生活保護受給世帯からみる貧困世帯 ……92
1. 世帯類型別からみた特徴 ……92
2. 世帯保護率からみた特徴 ……94

4 高齢者世帯と母子世帯における格差と貧困 ……94
1. 高齢者世帯 ……94
2. 母子世帯 ……99

5 格差と貧困における福祉課題の複合的顕在化 ……104

6 新型コロナウイルス感染症拡大による格差と貧困への影響 ……105

7 おわりに―セーフティネットの再構築 ……107

第Ⅱ部　世界の格差

第5章　中国社会における所得格差に起因した貧富の格差問題

1 はじめに ……………………………………………………… 114

2 中国地域格差地図の形成 …………………………………… 114
1．「γ（型）構造」 ……………………………………………… 114
2．「γ構造」と地域格差 ………………………………………… 116
3．「γ構造」と民族格差 ………………………………………… 117
4．中国の民族問題の困難さ …………………………………… 117
5．民族問題の改善 ……………………………………………… 119

3 現代中国の経済成長と所得格差の拡大 ………………… 119
1．建国・文化大革命期（1950-1970年代） …………………… 120
2．改革開放期（1980-1990年代） ……………………………… 122
3．大国台頭期（2000-2020年代） ……………………………… 123
4．ジニ係数の変化 ……………………………………………… 124
5．政府主導の格差拡大 ………………………………………… 125

4 グローバル化と格差社会の形成 ………………………… 126
1．中国経済のグローバル化の進展 …………………………… 126
2．アメリカ発グローバリゼーションの波 …………………… 127
3．グローバリゼーションによる収入格差の拡大 …………… 128
4．グローバル格差と対峙する ………………………………… 129
5．一国両制と一家両制 ………………………………………… 130

5 都市化と社会変容のメカニズム —————————————————————131

1．中国の戸籍制度 ——————————————————————————131

2．都市部「幹部」と「労働者」の身分区分 ——————————————132

3．中国の二重経済構造と所得格差 ——————————————————133

4．農村から都市への転入制限撤廃 ——————————————————134

5．都市化―インドとの比較 ———————————————————————134

6 アジアの所得格差拡大と貧困問題 ——————————————————135

1．ジニ係数からみる中国の格差―インドとの比較 ——————————135

2．中国の格差を縮小するための取り組み ——————————————136

3．ジニ係数で格差を測るときの注意点 ————————————————137

4．貧困の削減 ———————————————————————————————138

5．パンデミックと中国の格差 ————————————————————————138

7 おわりに —————————————————————————————————————140

第6章 ナショナリズムとネイション間の「尊厳」格差
—韓国の多文化社会化と外国人差別—

1 はじめに —————————————————————————————————————144

2 韓国における人口の流出入 ——————————————————————146

1．人口流出（韓国人の海外への移住） ————————————————146

2．韓国への移住 ————————————————————————————————149

CONTENTS

3 外国人の受け入れに関する政策 —————— 152

1. 外国人労働者の受け入れ政策 ————————— 153
2. 「多文化政策」 ————————————————— 156

4 韓国における多文化社会化の現実 ————— 160

1. 移住労働者にとっての韓国社会 ———————— 161
2. 結婚移住女性にとっての韓国社会 —————— 162

5 おわりに
──韓国におけるナショナリズムと「多文化共生」社会 ——164

第7章 経済のグローバル化と格差
──イギリス経済史の視点から──

1 はじめに —————————————————— 172

2 多角的貿易システムの形成 ————————— 173

1. 多角的貿易システム形成の前提 ———————— 173
2. イギリスの海外投資 —————————————— 175
3. 多角的貿易システムの形成 —————————— 178

3 多角的貿易システムの構造と特質 ———— 183

1. 多角的貿易システムの構造 —————————— 183
2. 多角的貿易システムの特質 —————————— 186

4 おわりに —————————————————— 191

アメリカの格差と再分配

1 はじめに —————————————————— 196

2 アメリカの経済格差 —————————————— 196
　1．経済格差の現状 ——————————————— 196
　2．国際比較からみたアメリカの経済格差 ——————— 201

3 アメリカの機会格差 ————————————— 203

4 アメリカの財政による再分配 ————————— 206
　1．アメリカ財政の再分配効果 ——————————— 206
　2．アメリカ税制の構造 ————————————— 209
　3．アメリカにおける社会保障支出の特徴 ——————— 211

5 おわりに —————————————————— 214

索　引　　*219*

格差社会論
第 3 版

第Ⅰ部

日本の格差

第 **1** 章

日本の所得格差と
格差測定の方法

第**I**部　日本の格差

①　はじめに

　かつて「一億総中流」といわれた日本であるが，その揺らぎが意識され，「中流崩壊」という言葉も使われるようになった。さらに近年では，日本の平均賃金が長期間上がっていないことが指摘され，「一億総中流」ではなく「一億総貧困化」という言葉も使われるようになった。実際のところ，日本の所得格差はどうなっているのであろうか。この章では，日本の所得格差について取り上げていく。

　第2節では，戦後の日本経済の流れとともに，ジニ係数の変化から所得格差がどのように推移してきたのかを整理する。第3節では，ジニ係数を中心とした格差測定の方法について取り上げる。

②　戦後日本の所得格差

　ここでは，戦後日本の所得格差の推移をジニ係数でみていこう。詳しくは後述するが，ジニ係数は格差の大きさを0から1の間の数値で示したもので，0に近いほど格差が小さく，1に近いほど格差が大きいというものである。このジニ係数について，最もよく用いられるのは厚生労働省の「所得再分配調査」であろう。これに，調査年の少ない1960年代までの数値を「家計調査」等から加えたものが**図表1-1**である。

　この図表より観察された格差の推移は以下のようになる。1940年代から1950年代前半にかけては若干の格差縮小があったことが示されていて，1950年代前半にはジニ係数は低い水準にあった。1950年代半ばからは格差が拡大を始め，1960年代初めにピークを迎える。その後，格差は縮小に転じ，1970年代に底に達した。しかし，1980年代に入ると格差は拡大に転じ，以後は今日に至るまで拡大を続けている（橋本 2020a，p.74）。

　以上の推移を日本経済の動きとあわせて整理していこう。

4

日本の所得格差と格差測定の方法 第1章

図表1-1　ジニ係数でみる所得格差の推移（1948-2016年）

	所得再分配調査			家計調査		
	A1 所得再分配調査 （当初所得）	A2 所得再分配調査 （再分配所得）	A3 就業構造 基本調査	A4 家計調査 （主要28都市a）	A5 家計調査 （主要28都市b）	A6 賃金構造基本 統計調査
1948						0.327
1949						0.311
1951				0.317		
1952	0.332	0.303		0.306		
1953				0.288		
1954				0.295	0.296	0.333
1955				0.301	0.298	
1956			0.391		0.283	
1957					0.303	
1958					0.301	0.350
1959			0.415		0.302	0.350
1960					0.308	0.347
1961	0.390	0.344			0.312	0.350
1962			0.415		0.299	
1963					0.299	0.336
1964						0.304
1965			0.407			0.293
1966	0.375	0.328				0.288
1967						0.291
1968			0.408			0.285
1969						0.280
1970						0.273
1971	0.354	0.314	0.423			
1974	0.375	0.346	0.402			
1977	0.365	0.338	0.392			
1980	0.349	0.314				
1983	0.398	0.343				
1986	0.405	0.338				
1989	0.433	0.364				
1992	0.439	0.365				
1995	0.441	0.361				
1998	0.472	0.381				
2001	0.498	0.381				
2004	0.526	0.387				
2007	0.532	0.376				
2010	0.554	0.379				
2013	0.570	0.376				
2016	0.559	0.372				

出所：橋本（2020a）p.71。

1. 復興期（1945年〜1950年代前半）

　まず，終戦から1950年代前半までである。

　第二次世界大戦は日本に大きな被害をもたらした。経済安定本部による報告書によると，建築物，機械器具，船舶，家具家財，生産品等からなる国富のうち，ほぼ25％が戦争によって失われたという（深尾・攝津 2018，p.5）。終戦後は，連合国の占領政策により，農地改革や財閥解体などが実施されていった。

　生活水準も，生存が難しくなるような，いわゆる「絶対的貧困」の状態であった。衣食住では特に「食」（食料不足）が危機的状況で，貧困度の指標とされるエンゲル係数が60％を超えていた。エンゲル係数とは，家計における総支出額に占める食料支出の割合のことで，数字が大きければ大きいほど貧困度が高いとされ，現在は20％程度である。「衣」については，全体が洋装化していったが，まだまだ着の身着のままの状態であった。「住」については，量を確保することが精一杯で，一人一部屋や家庭風呂などの普及にはまだまだ時間がかかる状況であった。そうした「絶対的貧困」の状態は，不十分ながらも1950年代半ばにはほぼ解消された（前田 2019，p.6）。そして，『昭和31年度　経済白書』（経済企画庁 1956，p.42）に「もはや『戦後』ではない」と書かれたのは，よく知られるところである。

　こうした戦後復興期においては，所得格差は若干の縮小があったことが示されており，ジニ係数が低い水準にあった（橋本 2020a，p.74）。**図表1-1**をみると，1952年の所得再分配調査（社会医療及び所得再分配調査）ではジニ係数は当初所得で0.332，再分配所得で0.303という低い水準であった。家計調査では，0.288（主要28都市a，1953年）というさらに低い水準もみられる。また，家計調査（主要28都市a）をみると，1950年代半ばにかけて，ジニ係数が下がっていることもわかる。

　とはいえ，橋本（2020a，pp.138-139）が指摘するように，終戦直後は，現実の格差の大小にかかわらず，人々は格差の存在を強く意識していたとい

うのが実際のところであろう。日本全体が貧しく，都市部では平均しても飢餓水準すれすれという状況では，必要最低限の食料があるかないかという違いは，極めて大きく感じられたであろう。しかも，戦争により被害を受けたかどうか，生き延びることができたかどうか，住む家があるかどうかというのは，本人には責任のないところで決まったことであり，強い不公平感を生み出したことは想像に難くない。

2．高度経済成長期（1950年代後半〜1970年代前半）

1950年に勃発した朝鮮戦争により，特需がもたらされた。深尾・攝津（2018，pp.8-9）によれば，この特需が日本の国際収支の天井を押し上げ，輸入可能額が増大したことによって，その後の経済成長を可能とする条件が整えられたのであった。1953年には人口1人当たりの実質GDPが，1955年には労働生産性が，それぞれ戦前の1936年の水準に回復し，日本経済は高度成長期と呼ばれる新しい局面へと移行する。そして，1955年以降，年率平均10％弱という驚異的に高い実質GDP成長が70年代初頭まで続いた。このような長期にわたる高成長の持続は，日本にとって空前絶後であるだけでなく，世界史的にもそれ以前にはほとんどみられない現象であった。

高度経済成長期における所得格差をみていこう。1950年代半ばからは格差が拡大し始め，1960年代初めにピークを迎える。その後，格差は縮小に転じ，1970年代に底に達したという（橋本 2020a，p.74）。まずは，高度経済成長が始まって格差が拡大を始めたということである。**図表1－1**をみると，1961年の所得再分配調査では，当初所得のジニ係数が0.390（再分配所得0.344）となっていて，1952年より上昇している。家計調査（主要28都市 b）から算出されたジニ係数をみても，1961年の0.312をピークに1950年代後半はジニ係数が上昇傾向にあったことがわかる。これは，橋本（2020a，p.152）が指摘するように，全体としての所得水準が低かった中で格差が拡大したということで，生活状態が戦争直後の貧困状態からほとんど改善しない人々を大量に残したまま，一部の人々だけが生活水準の上昇を果たしたと

いうことを意味していた。この時期の格差と貧困は深刻だったのである。

　その後，格差は縮小に転じ，1966年の所得再分配調査では当初所得のジニ係数が0.375（再分配所得0.328）であった。1971年の所得再分配調査では当初所得のジニ係数が0.354（再分配所得0.314）となったように，その後は格差が縮小する傾向にあった。前田（2019，p.7）によれば，驚くべきことは日本の経済成長の速さだけではなく，この速度の中にあって，経済格差が北欧並みの水準を維持できていたという事実であろう。

　1971年には，「総中流」社会論の始祖といってもいいかもしれない（神林2012，p.69），『現代の中流階級』（岩田 1971）が登場する。「一億総中流」の根拠とされるのは，内閣府の「国民生活に関する世論調査」である。「お宅の生活の程度は，世間一般からみて，どうですか。」という質問に対し，上・中の上・中の中・中の下・下（・無回答）で答えるものである。**図表1-2**はその割合をまとめたもので，これによると，1973（昭和48）年に「中の中」が61.3%とピークに達するとともに，「中」「中の中」「中の下」の合計が90%を超えた。神林（2012，p.69）によれば，高校進学率が90%を超え，高度経済成長期に憧れの的となっていた耐久消費財の多くも普及が飽和状態に達するなど，高度経済成長期には，日本社会の中流化あるいは平等化を信じさせるだけの基盤が充分に揃っていたといえる。

3．安定成長期（1970年代前半～1980年代前半）

　1970年代初めに，深刻な経済ショックが日本を襲った。1971（昭和46）年のニクソンショックと1973（昭和48）年のスミソニアン体制崩壊により変動レート制への移行が円を急騰させた。また，円高阻止などを目指した過剰な金融緩和政策や1973（昭和48）年の第一次石油危機などにより「狂乱物価」が発生した（深尾 2018，p.3）。高度経済成長は終焉し，1974（昭和49）年の実質GDP成長率はマイナスに転じた。しかし，内閣府（2022）をみると，その後の1975（昭和50）～1985（昭和60）年までは3%前後～6%台の実質GDP成長率であり，この時期は安定成長期と呼ばれる。

日本の所得格差と格差測定の方法　第1章

図表1-2　国民意識調査

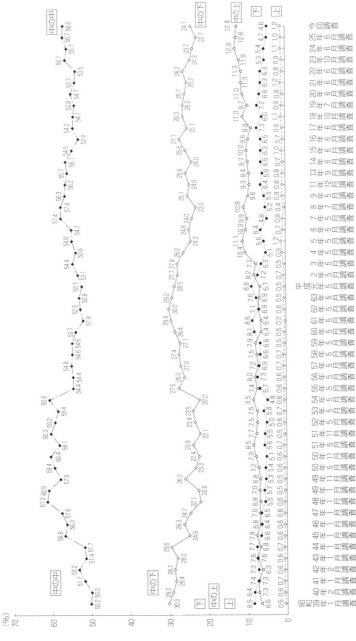

注）昭和37年1月調査及び昭和38年1月調査ではこの質問は行われていない。
昭和42年2月調査から昭和44年1月調査までは対象者が世帯主、家事担当者。

出所：前田 (2019) p.5。

第**I**部　日本の格差

　ジニ係数をみると，1970年代に底に達し，1980年代に入ると格差は拡大に転じた（橋本 2020a，p.74）。**図表 1 - 1**によれば，所得再分配調査では1974年に当初所得0.375（再分配所得0.346），1977年に当初所得0.365（再分配所得0.338），1980年に当初所得0.349（再分配所得0.314）と低下していたが，1983年には当初所得0.398（再分配所得0.343）に上昇した。

　ジニ係数が低下していた1970年代後半に展開されたのが「新中間階層」論争である。これは1977（昭和52）年に朝日新聞紙上で展開されたもので，「中流意識」あるいは「総中流」が広く社会的な関心を集めるきっかけとなったとされる。この論争はあくまでも，新中間階層という集団が日本社会に存在するのかをめぐるものであった。しかし，論争に加わっていた岸本重陳は翌1978（昭和53）年に『「中流」の幻想』を出版し，議論の対象を「中流意識」「一億総中流」へと拡張して検討の中心とした。また，1978年の『現代用語の基礎知識』（自由国民社）には「中流意識」という項目が初めて登場した。これ以降「中流意識」「総中流」がさらに一般的に使われるようになったと考えられる（神林 2012，p.70）。

4．バブル経済（1980年代後半）

　1985，1986年頃から地価と株価が上昇し，株価は1985年からの 5 年間で約 3 倍弱に，地価も1991年には1.6倍強となり，首都圏では 2 倍以上にもなった。いわゆるバブル経済の発生である。しかし，地価と株価以外の商品の価格はほとんど変化せず，消費者物価指数など庶民に影響を与える指数は安定していた。バブル経済は主として資産をもっていた人々に影響したのである。「ふつうの世帯」にはあまり影響はなかったが，マイホーム取得は1990年代後半まで厳しい状況が続いた（前田 2019，pp.9-10）。

　この間のジニ係数は上昇した。**図表 1 - 1**によれば，所得再分配調査では1986年の当初所得0.405（再分配所得0.338）と，初めて0.4を超えた。1989年には，当初所得0.433（再分配所得0.364）となった。

　橋本（2020a）によると，格差拡大が始まったことを初めてまとまった形

で指摘したのは小沢雅子『新「階層消費」の時代』(1985年)であったという。この本では,すでに職業間,産業間,企業規模間の格差が拡大し,ジニ係数も1970年代に入ってから低下が止まったことが指摘されている。とはいえ,この本が注目されたのは消費内容に階層分化が始まったことを指摘したことによるものであり,格差拡大を指摘したことによるのではなかった。一般雑誌の記事にも「階級」をキーワードやタイトルに含む記事が増えたが,1988年の『国民生活白書』では,多くの国民は格差拡大を感じているが「個人の努力や選択によって生活に格差があるのは当然」とも考えており「格差であれば何でもいけない」と考えているわけではないと,国民の格差に対する意識が「成熟化」してきていることを示すものと結論づけた。なお,この白書に対し,朝日新聞は「『格差社会』でいいのか」と題する社説で異議を唱えた。この社説はおそらく「格差社会」という言葉を現代日本に関連させて意識的に用いた最初の例であるという。このように,すでにデータは「格差社会」の始まりを告げていたものの,このことは,数多くの分析結果の1つとして控えめに提示されただけであり,この時期にはまだ,格差拡大が始まったと,明確に結論されてはいなかった(橋本 2020a, pp.260-265)。

5．バブル経済崩壊と停滞期(1990年代〜)

　1989年以降の厳しい金融引締めによりバブル経済は崩壊した。銀行の不良債権問題などが生じ,民間投資の急減や供給過剰などにより,その後長く続く緩やかだが継続的なデフレーションが始まった(深尾 2018, pp.6-7)。内閣府(2022)から計算すると,1991〜2010年の実質GDP成長率の平均は約0.5％であり,「失われた20年」(近年では「失われた30年」とも)とも呼ばれる。

　アメリカから始まったITバブルと呼ばれる好景気は日本にも波及し,いわゆるIT長者が多数出現した一方で,バブル崩壊の痛手からいまだ立ち直っていない日本経済の中で一般庶民はいらだちを感じ始めていた。長期間の経済低迷と閉塞感にとらわれていた日本人が「何かおかしい」と感じ始めたこの時期に出版されたのが『日本の経済格差』(橘木 1998)であった。この

11

第**I**部　日本の格差

本の主張は，ジニ係数で測った日本の経済格差が，先進国中最も格差が大きな国として誰もが認めるアメリカ並みに（あるいはそれ以上に）なっているとするものである。多くの読者が，「何かおかしい」の正体がこの「格差」であることを実感したのであった。これ以降，格差に関するさまざまな問題が提起されることとなった（前田 2019，p.11）。

　例えば，2000年には『中央公論』や『文藝春秋』で「中流崩壊」に関する特集が組まれるなど，「中流が崩壊してしまったのではないか」「新しい階級社会が到来するのか」という論議が新聞・雑誌を賑わせた（「中央公論」編集部編 2001，p.4）。

　実際に，この時期もジニ係数の上昇は続いた。**図表1-1**によると，所得再分配調査では1992年の当初所得で0.439（再分配所得0.365）となり，2004年には当初所得が0.526（再分配所得0.387）と0.5を超えた。

　しかし，橋木の主張には批判もあった。橋本（2020a，pp.276-277）によると，批判の主な論点は①結論の基礎となる資料に問題がある，②統計から観察される格差拡大には高齢化による部分が大きく，実質的な格差拡大とはいえない，というものである。②は大竹（2005）らが主張したもので，「格差拡大は見せかけ」論として格差をめぐる論争の大きな論点となり，政府が国会で格差は拡大していないと抗弁する論拠としても使われた。

　『平成18年度　経済財政白書』（2006，p.263）でも「年齢が高い階層ほど若年時からの積み重ねられる実績等が所得に反映されることにより所得格差が大きい傾向が強い」とし，「趨勢的な所得格差の上昇は，高齢者世帯比率の上昇という高齢化が主な要因であった」と結論づけた。

　しかし，橋本（2020a，p.280）によれば，このように格差拡大の多くが人口学的要因によって説明できるのは，1990年代の限られた時期のことであった。今日では「格差拡大は見せかけ」という主張は，公的な場ではほぼ見かけなくなったという。

　それでは，格差拡大の要因はどこにあったのか。橋本（2020a，pp.283-285）によれば，非正規労働者，特に男性非正規労働者の増加である。1986（昭

和61）年に施行された労働者派遣法は，1999（平成11）年に派遣の範囲を原則自由化し，2003（平成15）年には製造業への派遣も解禁した。派遣労働者は一気に増加し，賃金は低下した。有配偶の女性パートであれば，家計への貢献度はさほど大きくないため，増加しても世帯収入の格差への影響は限定的であるが，男性非正規雇用労働者の増加は世帯収入の格差拡大に直結する。こうして，人口学的要因では説明のつかない実質をもつ，誰の目にも明らかな格差拡大が本格化したのである。

　そして，2000年代半ばには，新しい「下層階級」が形成された。パート主婦以外で，非正規労働が一時的な働き方ではない，初職あるいは職業的キャリアのかなり早い段階から続く永続的な働き方となっている若い世代である。1980年代からの非正規労働者の増加と1990年代の就職氷河期によって，この「下層階級」は生み出されたのであった（橋本 2020a，pp.316-319）。その後も非正規労働者は増加し，2008（平成20）年のリーマン・ショック後には再び就職氷河期となり，新しい「下層階級」は増大していったのである。

6．小括

　以上みてきたように，1980年代から始まった格差の拡大は，「アンダークラスを生み出し拡大させてきた」という「最大かつ最悪の結果」（橋本 2020a，p.368）となっている。

　「一億総貧困化」といわれるような，平均賃金が低く据え置かれた状況下で，格差は拡大しているのである。「下層階級」「アンダークラス」と把握されるような人々の生活は困難さを増していることであろう。さらには，低所得ゆえ，年金の保険料が払えない，結婚もできない，という状況であれば，その老後も年金や家族のサポートに頼ることができない。日本の所得格差は，将来，こうした高齢者が数多く出現することを意味する。例えば，就職氷河期と四年制大学卒業の時期が重なった「団塊ジュニア」たちは，50代になりつつある。残された時間はさほど長くない。所得格差について理解を深め，格差是正のための取り組みを本格化させる必要がある。

第**I**部　日本の格差

3 所得格差を測る

　ある国や地域の富がどのように各世帯に分配されているかを把握する際，ジニ係数やローレンツ曲線を用いて言及されることが多い。所得の格差を語る際にもこれら指標がよく用いられる。本節では，富や所得の格差を判断する代表的な指標と目される，ジニ係数とローレンツ曲線について解説を行う。

　ローレンツ曲線とは，アメリカの経済学者ローレンツ（M.O. Lorentz）が，ある事象の集中の度合いを評価するために用いた方法である。富の集中を論じる際によく利用され，富がどの程度不平等に分配されているかを視覚的に捉えることができる。ここでは，ある国や地域の全世帯を対象とした所得格差（所得の集中度合い）を把握するためにローレンツ曲線を求める手順を解説する。まず，国・地域などの社会全体の世帯を所得階級別に分け，所得階級の低い順番に並べる。次に，**図表1-3**のように横軸に「世帯」の累積比をとり，縦軸に「富」の累積比をとる。ただし，横軸の「世帯の累積比」とは，各所得階級の世帯数を全世帯数で割った相対度数を累積して並べた累積相対度数を意味する。縦軸の「富の累積比」は，各所得階級の階級値と度数（全体に占めるその階級の世帯数の割合）を掛け合わせ，全体の総所得額に占める割合を累積した累積配分比率を意味する。もし仮に，社会に所得格差が存在しておらず，すべての世帯の所得が同額であるとき，ローレンツ曲線は**図表1-3**の45度線と一致する。これは所得が全世帯に完全に均等に配分されている状態を示していることから，45度線は均等配分線と呼ばれる。所得の分布に偏りがあるほどローレンツ曲線は均等配分線から離れ，下方に膨らんだ曲線となる。

　数値例を用いてローレンツ曲線をみてみよう。ある国の所得分布が**図表1-4**のようであるとする。すべての世帯の所得は15〜65万円の範囲内で分布しており，各所得階級にそれぞれ20％の世帯（相対度数）が該当することを想定する。この数値例において富の配分（所得配分）に着目すると，毎月得

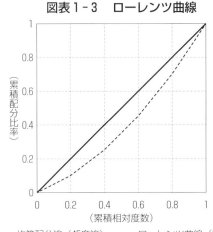

図表1-3 ローレンツ曲線

る所得の水準でみた下位20％の世帯が国全体の所得の10％を保有し，上位20％の世帯が国全体の所得の30％を取得していることがわかる（累積配分比率）。**図表1-4**の所得の関係を図示すると，**図表1-3**の破線のようなローレンツ曲線を描くことができ，この曲線から社会における所得の集中の度合いを視覚的に把握することができる。ローレンツ曲線は所得や富が，ある少数の階級に集中しているほど（ある少数の所得階級に配分が極端に集まって

図表1-4 所得の分布（ローレンツ曲線作成のための数値例）

毎月の所得（万円）	階級値（万円）	世帯数	配分（階級値×世帯数）	累積配分	累積配分比率（＝累積配分÷B）	相対度数（＝世帯数÷A）	累積相対度数
0～15未満	0	0	0	0	0	0	0
15～25未満	20	20	400	400	0.1	0.2	0.2
25～35未満	30	20	600	1,000	0.25	0.2	0.4
35～45未満	40	20	800	1,800	0.45	0.2	0.6
45～55未満	50	20	1,000	2,800	0.7	0.2	0.8
55～65未満	60	20	1,200	4,000	1	0.2	1
		計 100 (A)	計 4,000 (B)				

いるほど），下方に大きく膨らんだ曲線を描く。

ローレンツ曲線を用いることで視覚的に所得格差を把握することが可能となったが，他国との比較をしたい，ある特定の地域の経年的に変化する所得格差の推移を知りたい，という場合には，ローレンツ曲線では充分に役割を果たせない。このようなときには統計値として定量的に把握する必要がある。そこで次に，このローレンツ曲線によって視覚的に確認した所得格差を，統計値として把握する方法を解説する。

図表1-3の45度線は，前述したように所得が全世帯に完全に均等に配分された場合の均等配分線である。所得格差のないこの均等配分線から，ローレンツ曲線が乖離した面積分だけ所得格差が生じた度合いと捉えることが可能となる。このとき，**図表1-5**のように均等配分線とローレンツ曲線に囲まれた部分の面積を a とし，均等配分線より下方の（均等配分線と縦軸・横軸に囲まれた）三角形の面積OABとの割合を算出することで，所得格差の度合いを統計値として捉えることができる。この統計値はジニ係数と呼ばれ，イタリアの統計学者ジニ（C. Gini）により考案された。**図表1-5**の表記を使うと，ジニ係数は以下のように求められる。

$$\frac{\text{面積 } a}{\text{面積} OAB}$$

面積OABの面積は常に1/2であることから，ジニ係数は面積 a の2倍の値となる。また，ジニ係数の値は，所得格差が顕著でない（面積 a が小さい）ときには0に近づき，所得格差が顕著である（面積 a が大きい）ときには1に近づく特徴をもつこともわかるであろう。

図表1-4の数値例からジニ係数を求めてみよう。**図表1-6**には，**図表1-4**のローレンツ曲線が示されている。面積OABの1/2から，**図表1-6**に示される各所得階級のローレンツ曲線以下の面積①〜⑤までの和を差し引くことで面積 a が以下のように求まり，ジニ係数を得る。

日本の所得格差と格差測定の方法 第1章

図表1-5 ローレンツ曲線からジニ係数へ

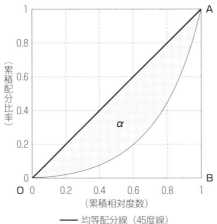

$$面積\ a = \frac{1}{2} - \left\{ \underbrace{\left(\frac{0.2 \times 0.1}{2}\right)}_{①} + \underbrace{\left(\frac{0.2 \times (0.1 + 0.25)}{2}\right)}_{②} + \underbrace{\left(\frac{0.2 \times (0.25 + 0.45)}{2}\right)}_{③} + \underbrace{\left(\frac{0.2 \times (0.45 + 0.7)}{2}\right)}_{②} + \underbrace{\left(\frac{0.2 \times (0.7 + 1)}{2}\right)}_{③} \right\}$$

$$= 0.1$$

図表1-4 のジニ係数 $= \dfrac{面積\ a}{面積\ AOB} = \dfrac{0.1}{0.5} = 0.2$

　ここまでは具体的な数値例を用いてローレンツ曲線からジニ係数を求めた。ジニ係数 g を一般化すると，

$$g = \frac{1}{2n^2 \bar{y}} \sum_{i=1}^{n} \sum_{j=1}^{n} |y_i - y_j|$$

と定義される。ただし，$\bar{y}$ は全世帯の平均所得（$= \dfrac{1}{n}\sum_{i=1}^{n} y_i$）とする。各世

17

帯の所得の差 $|y_i - y_j|$ が大きければ大きいほど，所得の不平等の度合いが大きいことを意味する。この所得差を全世帯について把握し，その平均を求めるには $\frac{1}{n^2}\sum_{i=1}^{n}\sum_{j=1}^{n}|y_i - y_j|$ から得られるのだが，この所得の平均差がジニ係数の定義式に含まれていることがわかる。ジニ係数の定義式から，ジニ係数は所得の散らばりを表す平均差を，平均所得 $\bar{y}$ で相対化した統計値であることがわかる。

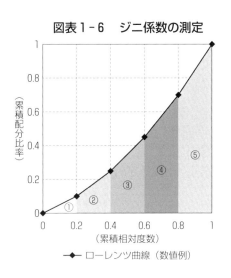

図表1-6　ジニ係数の測定

ここまで，ローレンツ曲線やジニ係数を所得格差を測る有用な指標として解説した。実際，これらの指標は所得格差を語る際に一般的に広く利用されている。しかし，当然ながらローレンツ曲線やジニ係数は，所得格差の実態を完全かつ正確に把握できるほど万全な指標であるわけではない。例えば，実際の政府データ等を用いて所得格差を把握しようとすると，多くのデータは集計データとして公表されていることから，異なる世帯属性（単身世帯，子どもの有無等）が同じ所得階級に混在しているデータを利用することになる。世帯属性の違いが見かけ上の格差の違いとして算出される可能性がある

第 1 章 日本の所得格差と格差測定の方法

図表1-7 日本の主な所得分布統計

統計名	実施機関	調査対象	抽出標本数	公表頻度	所得分布（ジニ係数含む）に関する調査項目
所得再分配調査	厚生労働省	全国の世帯及び世帯員	約9,000弱世帯（調査対象客体数）	1962年以来概ね3年毎	①当初所得階級別にみた世帯類型別、世帯主の年齢階級別、世帯構造別、再分配別世帯人員別世帯数と平均当初所得、総所得、可処分所得、再分配所得金額。②ジニ係数（世帯主の年齢階級別ジニ係数や、所得再分配による ジニ係数の変化を含む）。
全国家計構造調査（旧全国消費実態調査）	総務省統計局	全国の世帯	約90,000世帯	1959年以来5年毎	①勤労者世帯・無職世帯の実収入②世帯主の性別、年齢、学歴、勤め先企業規模、従業上の地位、非就業の有無、年金・恩給受給状況、住宅ローン残高の有無、現住居の有無、現住居の建て方、現住居の延床面積別の実収入。③年間収入階級（44区分）・年間収入十分位階級（13区分）・五分位階級（6区分）、資産額階級（20区分）・貯蓄現在高階級十分位階級・五分位階級・年間収入五分位階級（8区分）別にみた世帯数分布。④ジニ係数（等価可処分所得、等価金融資産残高、等価住宅・宅地資産額の年齢階級別ジニ係数）。
家計調査	総務省統計局	全国の世帯（ただし、学生の単身、外国人世帯、入院者、旅館住宅世帯等の世帯を除く）	約9,000弱世帯	1946年以来毎月	①勤労者世帯・無職世帯の実収入②世帯主の年齢階級、世帯類型、住居の所有関係、住宅ローン返済、職業、勤め先企業規模、妻の就業状態別の実収入③世帯主の定期収入階級（18区分）・定期収入五分位階級・年間収入階級（18区分）・年間収入五分位階級、貯蓄現在高階級（19区分）、純貯蓄階級（8区分）別にみた世帯数
賃金構造基本統計調査	厚生労働省	5人以上の常用労働者を雇用する民営事業所及び10人以上の常用労働者を雇用する公営事業所	約78,500事業所	1948年以来毎年	①性別、学歴、雇用区分別の、雇用形態別、役職別、在留資格別に支給する現金給与額、所定内給与額（6月分）及びその他特別給与額②男女、年間就業日数、雇用形態別、世帯内就業時間、産業規模別、企業規模別の、さきごろ支給する現金給与額と労働者数
就業構造基本調査	総務省統計局	全国の15歳以上の世帯員（ただし、刑務所等収容されている人、自衛隊営舎内居住者、外国の外交団や軍人とその家族を除く）	総務大臣が指定する調査区から抽出した約54万世帯の15歳以上の世帯員約108万人	1956～82年は概ね3年毎、1982年以降は5年毎	①男女、世帯主との続き柄、産業別、就業状態、仕事の主たる別、（無業者）就業希望の有無別の、世帯所得階級別（14区分）人口②（有業者）男女、従業上の地位、年間就業日数、雇用形態別の、主な仕事からの年間収入別（16区分）人口
民間給与の実態統計調査	国税庁	源泉徴収義務者（民間の事業所に限る）に勤務している給与所得者（所得税納税の有無を問わない）	約27,000事業所の約286,000給与所得者	1949年以来毎年	①勤続1年未満勤続者と勤続者の給与階級別（1995年以降14区分）②給与階級別給与所得者数、給与総額、平均給与③事業所損規模別、企業規模別、給与種別の（14区分）給与所得者数

出所：各種調査報告書より作成。

19

ことに注意する必要がある。また，ローレンツ曲線やジニ係数は世帯数と所得の累積比をもとにした指標であり，あくまで相対的な評価をしているに過ぎない。そのため，相対的な評価はできるとしても，その格差の水準自体を絶対的な尺度で評価できるものではない，との批判もある。格差が非常に大きいが平均所得が高い社会と，格差が小さいが平均所得が非常に低い社会のどちらが望ましいか，などの問いにローレンツ曲線やジニ係数から判断することはできない。ジニ係数は格差を把握するための目安の1つであると認識することも忘れてはならない。

図表1-7に日本政府が公表する統計情報のうち，所得の分布を把握することができる主要な統計調査をまとめた。このうち，「所得再分配調査」と「全国家計構造調査」では，ジニ係数の推計結果も公表されている。しかしながら，どちらも全国の世帯を調査対象としておりながら，ジニ係数の結果が一致するわけではない（図表1-8参照）。これは，調査対象とする標本の違いに加え，収入階級区分の違いや，所得や収入そのものの定義の違いによるところも大きい。実際，「所得再分配調査」では，所得に退職金や私的給付（企業年金や生命保険金等）が含まれる一方で，「全国家計構造調査」では年間

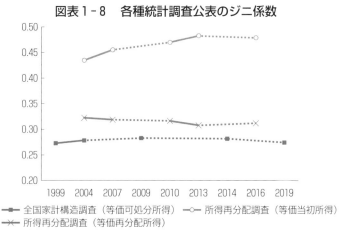

図表1-8　各種統計調査公表のジニ係数

注）所得再分配調査は1〜12月，全国家計構造調査は前年11月〜該当年10月を調査対象期間としている。

収入にこうした一時的な収入（退職金，生命保険金，財産の売却で得た収入，相続により得た預貯金等）が含まれない。

なお，「全国家計構造調査」は家計の収入だけではなく，支出の詳細も調査しており，調査規模も大きいが，5年ごとの調査となっている。その一方で，「家計調査」は同様に家計の収入と支出の詳細を調査しており，さらに毎月実施する調査である。そのため，景気の動向や消費者物価指数の品目選定およびウェイトを作成するための基礎資料としても利用している。しかしながら，毎月の調査実施のためにその調査規模（標本数）が「全国家計構造調査」に比べて大幅に少なくなっており，詳細な構造分析をするには向かない統計調査となっている。

給与所得による所得格差は，**図表 1－7** の「賃金構造基本統計調査」「就業構造基本調査」「民間給与の実態統計調査」により把握することができる。ただし，「賃金構造基本統計調査」は現金給与額・所定内給与額はその年の6月分のものに限定される。そのため，超過労働給与額が年間を通じて一定でない場合には，実態とは異なる数値・水準となる可能性も否定できない。「民間給与の実態統計調査」は「民間」に限定した調査であるため，公的事業所を含む全体像を把握することが困難となっている。「就業構造基本調査」は，大規模な調査でかつ有業者・無業者の状況も把握できるものの，5年ごとの調査であるため，より機動的に所得分布の変化を捉えることは難しい。

このように，統計資料により調査の目的，調査対象（標本数），調査項目，収入・所得の定義など，大きく異なることから，利用する統計によって所得分布・所得格差の状況の結果が異なってみえる可能性があることに注意が必要である。

おわりに

2006（平成18）年に，「格差社会」が新語・流行語大賞のトップテンに入った。このときの「格差社会」の評の中で，「これまでの『一億総中流』が

崩れ，所得や教育，職業などさまざまな分野において格差が広がり二極化が進んだといわれる」とされた（自由国民社 2006）。この「格差社会」について，受賞者となったのが『希望格差社会』（2004年）の著者・山田昌弘であった。

　現在では所得格差だけではなく，希望格差や雇用格差，健康格差，世代間格差，医療格差，教育格差，情報格差など，多様な形で格差が捉えられるようになっている。それらは，所得格差の原因や結果として考えることができるものもあるが，それそのものとして格差是正を考えるべきものもある。「一億総貧困化」の下での深刻な所得格差と，さまざまな場面で感じられる所得以外の格差。それが今，私たちを取り巻く格差の形である。

参考文献

岩田幸甚（1971）『現代の中流階級』日本経済新聞社。

大竹文雄（2005）『日本の不平等』日本経済新聞社。

小沢雅子（1985）『新「階層消費」の時代』日本経済新聞社。

神林博史（2012）「『総中流』と不平等をめぐる言説─戦後日本における階層帰属意識に関するノート（3）」『東北学院大学教養学部論集』第161号，東北学院大学学術研究会。

岸本重陳（1978）『「中流」の幻想』講談社。

経済企画庁編（1956）『昭和31年度　経済白書』大蔵省印刷局。

自由国民社（2006）「『現代用語の基礎知識』選　ユーキャン新語・流行語大賞　第23回2006年受賞語」https://www.jiyu.co.jp/singo/index.php?eid=00023（最終検索日2022年9月24日）。

橋木俊昭（1998）『日本の経済格差』岩波新書。

「中央公論」編集部編（2001）『論争・中流崩壊』中央公論新社。

内閣府（2006）『平成18年度　経済財政白書』https://www5.cao.go.jp/j-j/wp/wp-je06/06.html（最終検索日2022年9月18日）。

内閣府（2022）「長期経済統計　国民経済計算」『日本経済2021-2022』https://www5.cao.go.jp/keizai3/2021/0207nk/n21_7_data01.html（最終検索日2022年9月18日）。

橋本健二（2020a）『＜格差＞と＜階級＞の戦後史』河出書房新社。

橋本健二（2020b）『中流崩壊』朝日新聞出版。

深尾京司・攝津斉彦（2018）「第1節　成長とマクロ経済」深尾京司・中村尚史・中林真幸編『岩波講座日本経済の歴史第5巻　現代1　日中戦争期から高度成長期

（1937-1972)』岩波書店。
深尾京司（2018)「第1節　成長とマクロ経済」深尾京司・中村尚史・中林真幸編『岩波講座日本経済の歴史第6巻　現代2　安定成長期から構造改革期（1973-2010)』岩波書店。
前田修也（2019)「日本の所得格差と格差測定の方法」佐藤康仁・熊沢由美編『新版格差社会論』同文舘出版。
山田昌弘（2004)『希望格差社会』筑摩書房。
山田昌弘（2021)『新型格差社会』朝日新聞出版。

第 **2** 章

雇用格差と健康格差

1 はじめに

本章では、雇用と健康をめぐる格差について取り上げる。雇用されて働く人々の間には、雇用形態や性別、企業規模などによって、さまざまな格差が存在する。雇用格差は、所得格差など、さまざまな格差を生み出す要因ともなっている。また、健康格差は、無関係の人はおらず、命に関わるという点では最も深刻ともいえる格差である。雇用格差と健康格差、いずれについても、格差の実態や是正の取り組みについて理解を深めるとともに、「働くこと」や「健康に生きること」についても考えてみてほしい。

2 雇用格差

紙片の関係上、ここでは雇用形態と性別による格差をみていく。

1．正規雇用と非正規雇用

阿部（2017, pp.5-7）によれば、複数の要因が複合的に影響して、1990年代以降に非正規雇用が増加した。1つには、家計を補助するために働く女性が増えたことである。企業のリストラが進み、雇用不安が高まったことなどがその背景として考えられる。もう1つは、いわゆる若年フリーターの増加である。就職氷河期にあって、正規雇用の仕事に就けず、とりあえず働くために非正規雇用を選択した若年者たちである。また、正社員として働くのが嫌だという若者が少なからず出てきたのもこの頃だといわれている。

また、企業側でも、国際市場での競争激化により、国際的な賃金水準を意識せずにはいられなくなり、人件費削減の圧力が非常に高まっていた。情報通信技術を中心とした技術革新のおかげもあって、仕事の標準化・マニュアル化が進められ、正社員の代わりにパートタイム労働者でも業務が遂行できるようになった。こうして、人件費削減のために、企業は正規雇用を減少さ

雇用格差と健康格差　第❷章

せ，非正規雇用を増加させたと考えられている。

　それでは，非正規雇用の割合をみてみよう。**図表 2 - 1** によると，2021年平均で，非正規雇用が2075万人（36.7％），正規雇用が3587万人（63.3％）と，約 4 割が非正規雇用となっている。非正規雇用の割合の推移をみると，2002年は29.4％であったが，その後は上昇し続け2014年には37％を超えた。2015年から2017年までは横ばいであったが，2018・2019年は上昇し，2019年には38％を超えた。2020・2021年は低下しているが，後述するように，いわゆる「コロナ禍」で非正規雇用が減少したことが影響したと考えられる。

　また，産業別に正規・非正規の割合をみてみると，「卸売業・小売業」では正規雇用と非正規雇用がほぼ半分ずつとなっている。また，「娯楽業（・生活関連サービス業）」「宿泊業・飲食業」では，正規雇用よりも非正規雇用の方が多い（**図表 2 - 2**）。コンビニエンスストアやファミリーレストランで

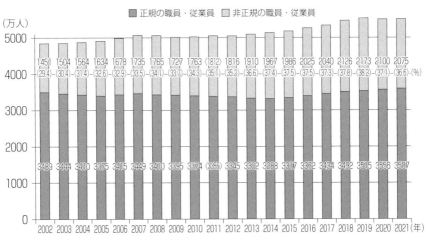

図表 2 - 1　雇用形態別雇用者数（役員を除く）の推移

注 1 ）2011年の数値は，補完的に推計した値（2015年国勢調査基準）である。
注 2 ）2022年 1 ～ 3 月期平均から，算出の基礎となるベンチマーク人口が，2015年国勢調査結果を基準とする推計人口から2020年国勢調査結果を基準とする推計人口に切り替えられた。ここでは，これに伴う補正等を行った数値を用いている（参考：https://www.stat.go.jp/data/roudou/220201/index.html）。
注 3 ）（　）は非正規雇用の割合である（％）。
出所：総務省（各年版）より筆者作成。

第Ⅰ部　日本の格差

図表2-2　主な産業の正規・非正規の割合（2021年）

(%)

	建設業	情報通信業	金融業・保険業	製造業	運輸業・郵便業	医療,福祉	卸売業・小売業	娯楽業	宿泊業・飲食業
正　規	83.4	84.7	80.9	75.5	70.4	61.4	50.3	44.8	24.9
非正規	16.6	15.3	19.1	24.5	29.6	38.6	49.7	55.2	75.1

注）正規・非正規の合計に占める割合。娯楽業には，生活関連サービス業を含む。
出所：総務省（各年版）より筆者作成。

図表2-3　雇用形態別賃金と雇用形態間賃金格差（2021年6月）

	男女計	男性	女性
正社員・正職員（千円）	323.4	348.8	270.6
正社員・正職員以外（千円）	216.7	241.3	195.4
雇用形態間賃金格差（正社員・正職員＝100）	67.0	69.2	72.2

出所：厚生労働省（2022b）より筆者作成。

アルバイトをしている人は，アルバイト先の状況を思い浮かべてみてほしい。

　図表2-1，2-2から，非正規雇用も重要な労働力となっていることがうかがえる。そうした非正規雇用の労働者と正規雇用の労働者との間には，どのような格差があるのだろうか。まずは，賃金の格差をみていこう。

　図表2-3は雇用形態別の賃金と，雇用形態間の賃金格差をまとめたものである。ここでいう「賃金」とは，2021年6月の平均所定内給与額[1]である。これをみると，男女とも正社員・正職員以外の賃金は，正社員・正職員の賃金の7割程度にとどまっている。金額にして，おおよそ75千円～108千円の差である。

　図表2-4は，同じく2017年6月の賃金について，年齢階級別に現金給与額の平均値を出したものである。男性の正社員・正職員の賃金は50歳代前半まで昇給が続く，いわゆる「年功賃金カーブ」になっている。女性の正社員・正職員も，男性ほど明確ではないが「年功賃金カーブ」がみられる。一方，正社員・正職員以外は男女とも全体的に平らなグラフになっていて，昇給が

28

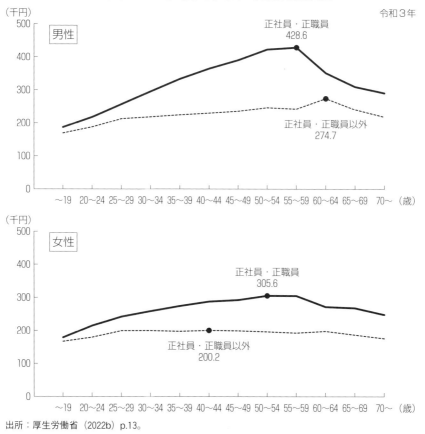

図表2-4　雇用形態，性，年齢階級別賃金

出所：厚生労働省（2022b）p.13。

ほとんどみられない。そのため，正社員・正職員の賃金がピークを迎える40歳代から50歳代で，格差が特に大きくなっている。最も格差の大きい50歳代後半では，男性は186千円，女性は113千円の差がある。50歳代後半の正規・正職員の賃金を100とすると，50歳代後半の正社員・正職員以外の男性の賃金は56.6，女性は63.2となる。

　こうした差は，生涯賃金にも大きな差をもたらす。**図表2-5**は，雇用形態・年齢別賃金の平均である。仮に，この平均額で，四年制大学を卒業してから

日本の格差

図表2-5　大学卒の雇用形態別給与額（企業規模10人以上の民営事業所）

正社員・女性	所定内給与額（千円）	年間賞与その他特別給与額（千円）	正社員以外・女性	所定内給与額（千円）	年間賞与その他特別給与額（千円）
20〜24歳	228.4	345.1	20〜24歳	206.6	112.6
25〜29歳	254.7	789.5	25〜29歳	222.3	167.9
30〜34歳	280.9	840.2	30〜34歳	222.2	154.0
35〜39歳	305.5	994.9	35〜39歳	226.4	209.2
40〜44歳	336.7	1157.3	40〜44歳	227.5	216.7
45〜49歳	353.2	1216.4	45〜49歳	237.3	158.4
50〜54歳	414.6	1431.6	50〜54歳	233.2	239.8
55〜59歳	402.2	1424.0	55〜59歳	232.4	260.1
60〜64歳	352.2	869.6	60〜64歳	251.4	448.2
65〜69歳	491.9	965.4	65〜69歳	250.3	326.6
70歳〜	408.6	1183.4	70歳〜	333.6	610.9
23〜59歳の合計（千円）		186309.3	23〜59歳の合計（千円）		108292.1

正社員・男性	所定内給与額（千円）	年間賞与その他特別給与額（千円）	正社員以外・男性	所定内給与額（千円）	年間賞与その他特別給与額（千円）
20〜24歳	231.6	354.3	20〜24歳	213.0	61.6
25〜29歳	268.0	829.6	25〜29歳	246.3	128.4
30〜34歳	316.4	1039.2	30〜34歳	248.8	147.5
35〜39歳	368.2	1311.8	35〜39歳	259.2	132.4
40〜44歳	411.2	1490.4	40〜44歳	260.5	170.6
45〜49歳	455.8	1678.4	45〜49歳	264.5	212.2
50〜54歳	509.8	2020.4	50〜54歳	343.2	265.5
55〜59歳	514.8	1935.6	55〜59歳	306.5	289.0
60〜64歳	431.9	1140.8	60〜64歳	318.0	776.8
65〜69歳	417.9	801.3	65〜69歳	284.1	351.6
70歳〜	457.3	462.7	70歳〜	287.7	289.9
23〜59歳の合計（千円）		228446.0	23〜59歳の合計（千円）		127703.2

出所：厚生労働省（2022b）に関する統計表より筆者作成。

図表 2-6　雇用形態別・所得階級別雇用者（役員を除く）の割合（2017年）

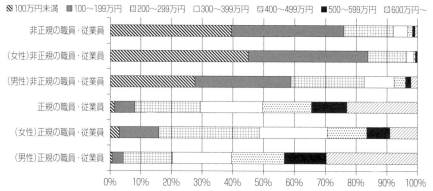

出所：総務省（2018）の統計表より筆者作成。

　60歳の定年退職まで働き続けるとして，23歳から59歳までの「所定内給与額」と「年間賞与その他特別給与額」の合計額を算出した。

　この試算によると，女性の正社員・正職員は約1億8630万9.3千円，正社員・正職員以外は約1億829万2.1千円となり，約7800万円の差となる。男性は，正社員・正職員が約2億2844万6千円，正社員・正職員以外が約1億2770万3.2千円となり，1億円以上の差となる。このように，平均額をみると正規・非正規の間に大きな格差がある。

　図表2-6は，所得階層別の割合をグラフにしたものである。非正規の職員・従業員では，100万円未満の割合が最も高く39.2％となっている。女性も44.6％と，100万円未満が最も高い。男性で100万円未満は27.2％で，100～199万円の30.8％に次いで割合が高くなっている。この中には，主な稼ぎ手でないケースも含まれると考えられるが，多くの非正規の職員・従業員が200万円未満で働いている。正規雇用労働者との差は，一目瞭然である。

　以上のように，正規雇用労働者と非正規雇用労働者の賃金に，大きな格差があるのは，なぜであろうか。**図表2-7**は，経営トップ層が考える賃金格差の理由である。最も多いのは，「業務の難易度や責任の重さが違う」というもので，93.5％が「非常に該当すると思う」「ある程度該当すると思う」

図表 2-7　経営トップ層が考える正社員・パート社員間の賃金格差の理由

(%)

業務の難易度や責任の重さが違う	93.5
配転・転勤，職務変更可能性の有無	80.4
残業の可能性の程度	58.7

注）格差のある理由として「非常に該当すると思う」「ある程度該当すると思う」とした回答割合の合計。
出所：独立行政法人労働政策研究・研修機構（2009）より筆者作成。

図表 2-8　雇用保険，健康保険・厚生年金の適用基準

	適用基準
雇用保険	次の(1)および(2)のいずれにも該当する場合 (1) 31日以上の雇用見込みがあること^{注)} (2) 1週間の所定労働時間が20時間以上であること
健康保険・厚生年金	次の(1)および(2)のいずれかに該当する場合 (1) 1週間の所定労働時間および1か月の所定労働日数が同じ事業所で同様の業務に従事している通常の労働者の4分の3以上 (2) 4分の3未満であっても，下記の4要件をすべて満たす場合 　・週の所定労働時間が20時間以上あること 　・賃金の月額が8.8万円以上であること 　・学生でないこと 　・常時100人（2024年10月より50人）を超える企業（特定適用事業所）に勤めていること

注）具体的には，次のいずれかに該当する場合である。
　・期間の定めがなく雇用される場合。
　・雇用期間が31日以上である場合。
　・雇用契約に更新規定があり，31日未満での雇止めの明示がない場合。
　・雇用契約に更新規定はないが同様の雇用契約により雇用された労働者が31日以上雇用された実績がある場合。
出所：厚生労働省「雇用保険の加入手続はきちんとなされていますか！」（https://www.mhlw.go.jp/stf/seisakunitsuite/bunya/0000147331.html）より筆者作成。

と答えている。

　このように，正規雇用と非正規雇用の賃金の格差は大きいけれども，格差はこれだけではない。日本の社会保障の中心となっている社会保険の適用についても，格差が存在する。日本の社会保険は，非正規雇用であっても，基準に該当すれば被用者のための保険が適用される。近年では，適用拡大のための基準の見直しが行われていて，2022年10月時点では**図表 2-8**のようになっている。

雇用格差と健康格差　第❷章

図表 2 - 9　各種制度の適用状況（社会保険）

(%)

	雇用保険	健康保険	厚生年金
正社員	92.7	97.2	96.1
正社員以外の労働者	71.2	62.7	58.1

出所：厚生労働省（2021）p.23より筆者作成。

図表 2 -10　各種制度の適用状況（社会保険以外）

(%)

	企業年金	退職金制度	財形制度	賞与支給制度	福利厚生施設等の利用	自己啓発援助制度
正社員	27.2	77.7	43.4	86.8	55.8	36.4
正社員以外の労働者	5.3	13.4	8.3	35.6	25.3	10.1

出所：厚生労働省（2021）p.23より筆者作成。

　このように，非正規雇用でも雇用保険や健康保険，厚生年金に加入する道が開かれているものの，実際の適用状況には格差がある。**図表 2 - 9**は，これらの制度の適用状況をまとめたものである。正社員は100％近い労働者が雇用保険や健康保険，厚生年金に加入しているのに対し，正社員以外の労働者は最も高い雇用保険で71.2％であり，厚生年金では58.1％に過ぎない。雇用保険に加入していないということは，失業したとしても基本手当など雇用保険の給付を受け取ることができず，失業したときの保障がない状態といえる。また，厚生年金に加入していないということは，例えば，老後に基礎年金しか受け取ることができないことになる。年金でも，厚生年金の有無という違いがあり，格差は老後も続いていくことになる。なお，社会保険以外の企業における各種制度についてみてみても，正社員と正社員以外では差がある（**図表 2 -10**）。

2．男性と女性

　正規・非正規の間の雇用格差は，男女間の雇用格差にも関連している。図

表 2 -11は，2021年平均の「役員を除く雇用者」5630万人（性別・雇用形態別の雇用者を合計）の内訳を表したものである。女性は非正規雇用が正規雇用よりも多く，全体の1／4以上を占めている。一方で，男性は正規雇用が多く，非正規は全体の1割程度となっている。このように，日本では女性—非正規，男性—正規という結びつきが強く，男女間の格差について考える際には，雇用形態の違いにも注意すべきであろう。

図表 2 -11　性，雇用形態別労働者の割合（2021年）

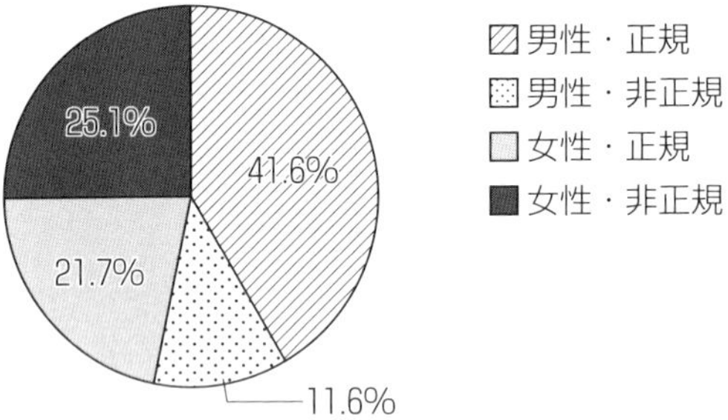

凡例：
- 男性・正規
- 男性・非正規
- 女性・正規
- 女性・非正規

41.6%
11.6%
21.7%
25.1%

出所：総務省（各年版）より筆者作成。

　男女間の格差についても，賃金を中心にみていこう。**図表 2 - 3**をもう一度みてもらいたい。2021年 6 月の平均所定内給与額をみてみると，正社員・正職員では，男性と女性の間に約 7 万 8 千円の差がある。正社員・正職員以外では，約 4 万 6 千円の差である。また，**図表 2 - 4**をみてみると，男性の正社員・正職員の年功賃金カーブに比べると，女性は男性ほど年功賃金カーブが大きくない。ピーク時の金額は，男性55〜59歳の42万8.6千円，女性50〜54歳30万5.6千円と12万円以上の差がある。正社員・正職員以外は男性女性とも，はっきりとは年功賃金カーブがみられない。ピーク時の金額は，男性60〜64歳27万4.7千円，女性40〜44歳20万0.2千円と約 7 万円の差がある。

　図表 2 - 5で試算した生涯賃金についても，男女の差を確認してみよう。正社員・正職員では，男性 2 億2844万 6 千円に対し，女性約 1 億8639万9.3

千円で，約4205万円の差がある。正社員・正職員以外では，男性約１億2770万3.2千円，女性約１億829万2.1千円で，約1943万円の差がある。やはり，正社員・正職員の方が男女間の格差が大きい。

こうした男女の賃金格差は，縮小する傾向にあるものの，国際的にみると大きいものである。**図表２−12**は，男女の中位所得の差を男性中位所得で除した数値である。日本は韓国よりは格差が小さいものの，欧米諸国と比べると格差が大きい。

図表２−12　フルタイム労働者の男女間賃金格差（2020年）

韓国	日本	アメリカ	カナダ	イギリス	スウェーデン	ニュージーランド
31.5	22.5	17.7	16.1	12.3	7.4	4.6

注）男女の中位所得の差を男性中位所得で除した数値。原則，フルタイム労働者の週あたり総収入が対象。
出所：独立行政法人労働政策研究・研修機構編（2022c）p.199より筆者作成。

なぜこのように男女間の格差があるのだろうか。経営トップ層は，男女間に賃金格差がある要因として，「管理職が少ない」（80.0％）の他に，「業務の難易度が違う」（70.9％），「職種が違う」（69.1％），「転勤が難しい」（54.6％）などをあげる[2]（独立行政法人労働政策研究・研修機構 2009）。実際に，日本では就業者に占める女性の割合は低くはないものの，管理職に占める女性の割合が低い（**図表２−13**）。

図表２−14は，男女間の賃金格差の要因を分析したものである。勤続年数，役職，年齢，学歴，労働時間，企業規模，産業について，男性と同じ労働者構成であると仮定した場合，どのくらい格差が縮小されるのかを分析している。

図表２−14によれば，最も影響が大きいのは役職の違いであり，男女の管理職の構成が同じであれば，格差は10.5縮小される。やはり，女性の管理職が少ないということは，賃金格差の大きな要因といえそうである。その他についてもみてみると，勤続年数も4.3と影響が大きい。学歴と労働時間は２

第Ⅰ部　日本の格差

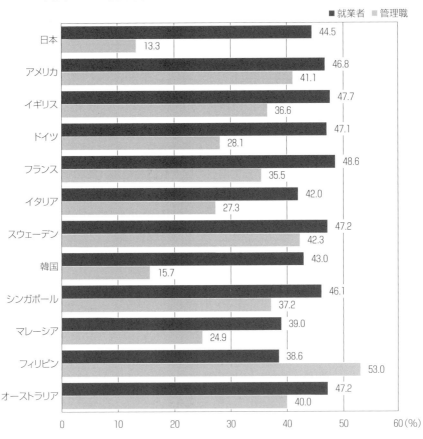

図表2-13　就業者および管理職に占める女性の割合（2020年）

出所：独立行政法人労働政策研究・研修機構編（2022c）p.95より筆者作成。

程度で、年齢は0.7と影響は小さい。また、企業規模は0.0で影響がなく、産業の違いはむしろマイナス、つまり男女がそれぞれの産業に同じように従事するとむしろ格差が広がるということになる。

　ここからわかることは、男女間の賃金格差は役職と勤続年数の影響が大きいこと、そして学歴や労働時間、年齢も影響を与えていることである。ただし、ここにあげられた要因すべての影響をあわせても男女間の賃金格差を完

雇用格差と健康格差　第❷章

図表 2-14　男女間の賃金格差の要因

要　　因	男女間賃金格差		男女間格差縮小の程度
	調整前（原数値）①	調整後②	②－①
勤続年数		78.6	4.3
役　　職		84.8	10.5
年　　齢		75.0	0.7
学　　歴	74.3	76.4	2.1
労働時間		76.2	1.9
企業規模		74.3	0.0
産　　業		72.2	-2.1

資料出所：厚生労働省「賃金構造基本統計調査」（令和 2 年）より厚生労働省雇用環境・均等局算出。
注 1）「調整前（原数値）」は男性100に対する，実際の女性の賃金水準。
注 2）「調整後」は女性の各要因の労働者構成が男性と同じと仮定した場合の賃金水準。
注 3）平成30年より，次の通り常用労働者の定義が変更されている。（平成29年までは 1 か月を超える期間）。常用労働者：1 か月以上の期間を定めて雇われている者
注 4）平成30年以前は，調査対象産業「宿泊業，飲食サービス業」のうち「バー，キャバレー，ナイトクラブ」を除外している。
注 5）「役職」について，令和元年以前は「常用労働者100人以上を雇用する企業における雇用期間の定めのない者」を調査対象としていたため，令和 2 年以降の調査結果を比較する際には注意が必要。
注 6）「学歴」については令和 2 年より回答区分を変更している。
注 7）令和 2 年より，推計方法を変更している。
出所：厚生労働省（2020b）p.30

全には埋めることができない。つまり，ここにあげられた要因だけでは，男女間の賃金に格差がある理由を説明しきれないということである。男女間の賃金格差は，役職や勤続年数の違いといった明確な要因だけではなく，さまざまな慣行や仕組みも絡みながら再生産されていると考えられる。

3．同一価値労働同一賃金

　以上のような雇用形態や性別による格差を是正するためには，どうしたらよいのであろうか。まず，賃金について考えてみたい。

　ILOは，1951年に第100号条約「同一価値の労働についての男女労働者に対する同一報酬に関する条約」を採択した。この条約は，同一の価値の労働に対しては性別による区別を行うことなく同等の報酬を与えなければならないという「（男女）同一価値労働同一賃金原則（Equal pay for work of

37

equal value)」を規定したものである。これが実現すれば，男女間の賃金格差はもちろん，正規・非正規の間の格差も是正することができる。日本はこのILO第100号条約に，1967年に批准している。しかし，その後も国連関連機関から，法整備の不十分さなどを指摘されてきた。

　近年，同一労働同一賃金については，大きな動きがみられる。2016年9月に働き方改革実現会議が開催され，同一労働同一賃金など非正規雇用の処遇改善が1つの柱とされた。2018年6月には「働き方改革を推進するための関係法律の整備に関する法律」いわゆる「働き方改革関連法」が成立した。その中で「雇用形態に関わらない公正な待遇の確保」が掲げられ，同一企業内において正規雇用労働者と非正規雇用労働者との間で，基本給や賞与など，不合理な待遇差を設けることが禁止されることとなった。「働き方改革関連法」は，2020年4月1日に施行された（中小企業におけるパートタイム・有期雇用労働法の適用は，2021年4月1日施行）。

　また，2018年12月には「短時間・有期雇用労働者及び派遣労働者に対する不合理な待遇の禁止等に関する指針」いわゆる「同一労働同一賃金ガイドライン」が定められている。

4．ワークシェアリング

　雇用格差への対策として，ワークシェアリングも取り上げたい。ワークシェアリングとは，1人当たりの労働時間を短縮して，雇用機会をより多くの人の間で分かち合うこと（熊沢 2003, p.17）である。

　まず，正規雇用と非正規雇用の労働時間の違いを確認しておこう。**図表2 -15**は，年間就業日数についてのグラフである。正規の職員・従業員は，半数以上が年間250日以上就業しているのに対し，非正規の職員・従業員で250日以上就業しているのは2割程度に過ぎない。全体的に，正規の方が就業日数の多い人の割合が高い。同様に，**図表2 -16**の週間労働時間についても，非正規よりも正規の方が労働時間の長い人の割合が高いことがわかる。このように，正規雇用は賃金などで非正規雇用より恵まれていても，労働時間は

長い傾向がある。

　つぎに，ワークシェアリングとはどのようなものか，詳しくみてみよう。ワークシェアリングは，雇用を創出するためのものや，人員削減による失業を回避するためのものなど，類型化されることもある。日本では，2009年3月の「雇用安定・創出の実現に向けた政労使合意」の中で，その具体的な取り組みの1つとして，いわゆる「日本型ワークシェアリング」の推進が掲げられた。

　「日本型ワークシェアリング」は雇用の維持を図るものであって，経営側，労働側，政府にそれぞれ以下のような努力を求めている。経営側は，残業の削減を含む労働時間の短縮などを行い，雇用の維持に最大限の努力を行う。また，失業がない形での労働者の送り出し，受け入れなどに努める。労働側

図表2-15　雇用形態別，年間就業日数別雇用者の割合（2017年）

出所：総務省（2018）の統計表より筆者作成。

図表2-16　雇用形態別，週間就業時間階級別雇用者の割合（年間就業日数200日以上）

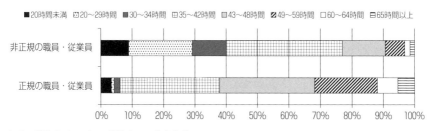

出所：総務省（2018）の統計表より筆者作成。

は，コスト削減や，新事業展開など経営基盤の維持・強化に協力する。また，失業のない労働移動の取り組みに協力する。政府は，雇用調整助成金[3]の支給の迅速化，内容の拡充を図り，正規・非正規労働者を問わず，解雇などを行わず雇用維持を図るための支援などを早急に行う，というものである。

　こうした「日本型ワークシェアリング」の効果については，研究者の間でも評価が分かれている。また，シェアできる仕事が限られている，労働者側も残業代を望んでいる，といった見解もある。しかし，正規雇用を中心とした長時間労働が存在する日本で，ワークシェアリングを考えることの意味は大きいように思う。諸外国の取り組みなども参考にしつつ，適切な労働時間や人員配置について考えることもまた，雇用格差を是正し，労働環境をよくする策となり得るのではないだろうか。

5．新型コロナウイルス感染症と雇用格差

　2020年に始まった「コロナ禍」は，仕事について，すでに平成に進行していた格差を拡大・顕在化させたり，新しい格差，例えば，「リモートワークが可能な仕事」と「不可能な仕事」の格差を生み出したことが指摘されている（山田 2021，p.89，p.94）。ここでは，雇用格差について，新型コロナウイルスによる影響を考えてみよう。

　まずは，正規雇用と非正規雇用である。コロナ禍は正規雇用・非正規雇用の雇用格差を改めて認識させることとなった。例えば，新型コロナウイルスの影響で仕事を失ったという話を聞く。これは，正規雇用よりも非正規雇用に多かったことは容易に想像できる。**図表2-17**は，雇用者数を前年同月と比べた増減をみたものである。これによると，2020年より前の非正規雇用者数は2017年2月に減少している以外は対前年同月で増加していたが，2020年以後は大きく変化したことがわかる。2020年1月には約4万人減少し，翌2月には増加に転じたものの，3月以降は大幅に減少した。特に，2020年6〜9月と2021年2月は，100万人以上も減少している。これらすべてが新型コロナウイルスの影響による退職とは限らないわけであるが，それにしても，

40

雇用格差と健康格差　第❷章

2020年3月から2021年3月まで続いた減少は大きく，正規雇用との差は一目瞭然である。新型コロナウイルスによる影響が非正規雇用の人たちにとって，いかに大きかったかがうかがわれる。

図表2-17　雇用形態別雇用者数（対前年同月増減）

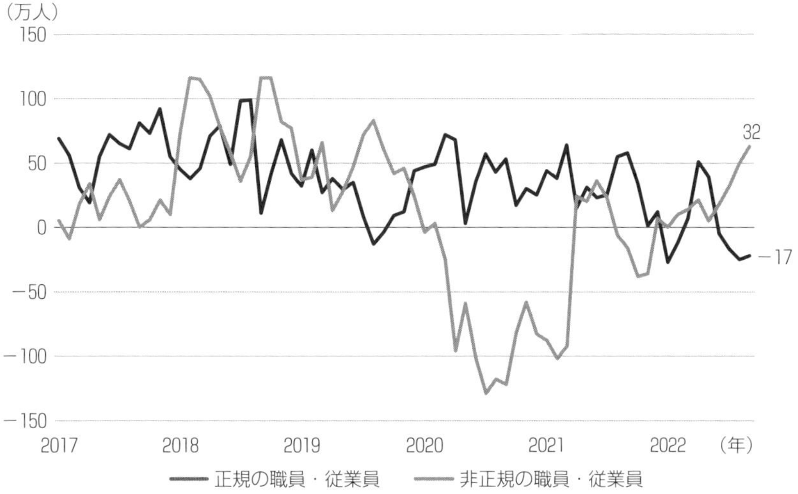

（万人）

出所：独立行政法人労働政策研究・研修機構（2022a）

　次に，男性と女性についてもみておこう。性別で雇用者数の増減をみてみたものが**図表2-18**である。これをみると2020年に入ってからは男女とも減少しており，似たような形のグラフになっている。ただ，女性が2020年3月の＋35万人から翌4月に－30万人と大きく変化したのに対し，男性は4040年4月には±0で，減少は翌5月からであった。そして，最も減少幅が大きかったのが2020年7月の女性で，－55万人であった。女性の方がより変化が早く大きい傾向にあるといえそうであるが，この図表だけでは大きな差がないようにみえる。しかし，**図表2-19**のように，女性への影響が大きかったとする調査などもあり，詳細な分析が必要であろう。

41

第Ⅰ部　日本の格差

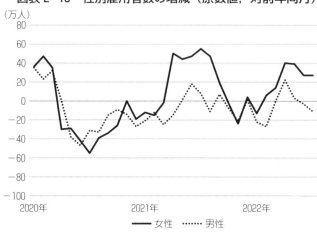

図表2-18　性別雇用者数の増減（原数値，対前年同月）

出所：独立行政法人労働政策研究・研修機構（2022b）より筆者作成。

図表2-19　2020年4月1日以降の7か月間，雇用に大きな変化が起きた人の割合

(%)

全体		正規		非正規	
男性	女性	男性	女性	男性	女性
18.7	26.3	15.9	18.4	32.8	33.1

注）解雇・雇止め，自発的離職，労働時間半減30日以上，休業7日以上のいずれかの変化があった割合。
出所：独立行政法人労働政策研究・研修機構（2020）p.5より筆者作成。

6．雇用格差のまとめ

　非正規雇用労働者と正規雇用労働者の間には，賃金や社会保険などの格差がある。男性と女性の間にも，賃金や昇進といった格差がある。こうした格差については，非正規雇用には家計の補助的な収入が得られればよいとする層も多く，いわゆる「不本意非正規」[4]ばかりではない，という指摘や，非正規雇用は正規雇用よりも過労死が少ない，といった指摘もあるだろう。しかし，家計の中心ではない，補助的な収入のための就労だからといって，その働きが正当に評価されなくてよいとはいえない。また，2021年度に過労死

42

雇用格差と健康格差　第**2**章

として認定された件数は，圧倒的に正規職員・従業員が多いが（52件），契約社員・派遣労働者も３件あった（厚生労働省 2022a，p.14）。非正規に過労死があることにも注目すべきである。

　雇用格差は，結局のところ，現在の日本における雇用の仕組みのゆがみ，あるいは働きにくさの表れなのであろう。格差の是正のためには，「弱者」を支援するだけでなく，雇用全体を視野に入れた取り組みが必要であると思われる。

❸ 健康格差

　世界保健機構（WHO）は，WHO憲章の前文で，健康を「病気でないとか，弱っていないということではなく，肉体的にも，精神的にも，そして社会的にも，すべてが満たされた状態にあること」（公益財団法人日本WHO協会）と定義している。健康は身体的なものだけではなく，精神的・社会的な面も含まれているとされる。近年の日本においては，健康についても格差が存在し，しかも格差が広がっているという指摘がある。ここでは，健康をめぐる格差について，考えてみたい。

1. 健康状態を決めるもの

　健康格差とは「地域や社会経済状況の違いによる集団間の健康状態の差」（厚生労働省 2012, p.1）である。より具体的には「社会階層が高い人たちに比べ，低い人たちに不健康な人が多いことなど，集団間における健康状態の差」（千代・黒田 2010, p.106）があることをいう。健康は，個人の努力や物質的な条件だけではなく，社会経済的な要因に左右されることがわかってきた。そのため，健康状態の差は健康格差として問題となる。

　具体的に，私たちの健康状態は，どのようなものによって決まるのであろうか。**図表 2 -20**は健康の決定因子の階層構造である。私たち１人ひとりが生物としてどのような個体か，というミクロのレベルから，社会経済的な状

43

図表2-20 健康の決定因子の階層構造

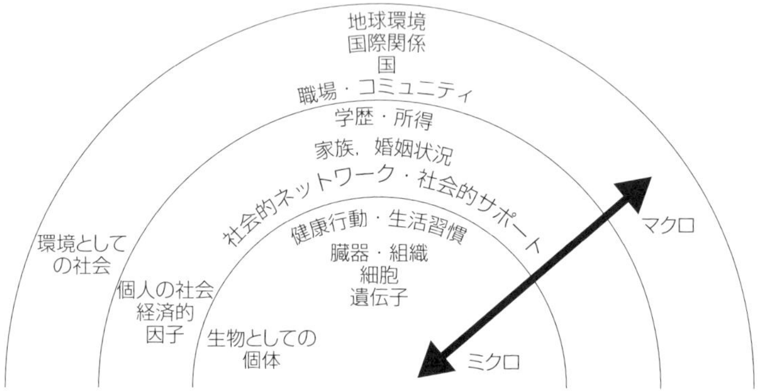

出所：近藤（2005）p.150。

況や生活する環境といったマクロのレベルまで，さまざまな決定因子がある。

2．所得と健康

社会経済的因子のうち，まずは所得と健康の関係をみていこう。所得が少ないということは，健康にマイナスの影響を及ぼすと考えられている。所得と健康の関係がイメージしやすいものから始めよう。

(1) 医療保険

例えば，体調が悪いと感じたとき，医療機関へ行くのをためらったことがあるだろうか。日本の医療保険には，年齢によって異なる割合の自己負担がある。そのため，所得の低い人ほど負担感が強くなる傾向がある。後述するAGESという調査でも，病気になってからの受診抑制についての調査項目があり，特に所得の低い層で受診抑制があることが確認されている（**図表2-21**）。

所得と医療保険の関係では，保険料の負担についても問題になることがある。医療保険のうち，国民健康保険には，自営業の人や職場で健康保険等に

雇用格差と健康格差　第**2**章

加入できない非正規雇用の人，無職の人などが加入する。そのため，所得の低い人や所得のない人も含まれる。保険料の減免措置はあるものの，滞納が続いてしまうと，通常の保険証から短期被保険者証や被保険者資格証明書になる。保険証が短期で切れたり，償還払い（全額を支払ったあとに申請を行い自己負担額を除いた額を払い戻すこと）になったりすることで，医療機関へ行きづらくなると考えられる。

図表 2 -21　等価所得と受診抑制（AGES）

(%)

	〜150万円	150〜300万円	300万円〜
過去 1 年間に必要な受診を控えた高齢者の割合	13.3	10.1	9.3

注）2006年調査データ。対象 2 万5,788人。
出所：近藤（2010）p.67より作成。

(2)　高齢者の健康状況

　所得と健康の関係を高齢者の健康状況からみてみよう。ここでは，近藤らが愛知県で行った調査研究 "Aichi Gerontological Evaluation Study"（愛知老年学的評価研究，略称AGES）から，要介護認定を受けていない一般高齢者32,891人分のデータによる分析をいくつか紹介したい。

　図表 2 -22は，等価所得[5]の階層ごとに主観的健康観が「よくない」「あまりよくない」人の割合をまとめている。等価所得が400万円以上の人では

図表 2 -22　等価所得と主観的健康観，抑うつ状態

(%)

		100万円未満	100〜200万円	200〜300万円	300〜400万円	400万円以上
「あまりよくない」「よくない」の割合	男性	40.0	30.7	26.9	24.6	21.0
	女性	34.8	29.7	25.9	22.7	21.2
抑うつ状態	男性	15.8	9.8	5.5	4.2	2.3
	女性	15.0	7.7	6.0	3.7	3.7

出所：近藤（2007）p.14より作成。

45

男性21.0%，女性21.2%であるが，当価所得が低くなるにつれて割合が高くなり，100万円未満では男性40.0%，女性34.8%となる。所得の低い人ほど，自分は不健康だと感じているようである。

精神的な面でも，同様のことがいえる。**図表2-22**によると，抑うつ状態の人の割合は，400万円以上では男性2.3%，女性3.7%にとどまるのに対し，100万円未満では男性15.8%，女性15.0%と高くなる。所得の低い人ほど抑うつ状態の人が多いようである。

AGESの調査ではこの他にも，等価所得の高い人ほど転倒歴のない人が多いとか，ストレス対応能力が高いなどの結果が出ている（近藤 2007）。さらに，**図表2-23**をみると，等価所得400万円以上の人と比べると100万円未満の人の死亡率が2倍以上となっている。あくまで調査に参加した人たちの結果であるが，所得と健康状態は密接に関連しているようである。

図表2-23　等価所得と死亡率（AGES）

	100万円未満	100〜200万円	200〜300万円	300〜400万円	400万円以上
男性	2.05	1.96	1.76	1.48	1

注）「400万円以上」の死亡率を1として算出。高齢者1万644人を3年間追跡したコホート研究。
出所：近藤（2010）p.23より作成。

⑶　子どもの貧困

所得と健康の関係について，子どもの貧困も取り上げたい。厚生労働省（2020a，p.14）によれば，2018年の相対的貧困率（新基準）[6]は15.7%で，子どもの相対的貧困率（新基準）は14.0%であった。子どもの7人に1人が貧困，といわれることもあり，近年注目されている問題である。

子どもの貧困は，食事が満足にとれないことにより子どもの発育に影響を及ぼすとか，教育の格差につながることは容易に想像できる。また，「経済的困難」が「虐待発生の2つの主要な背景要因」の1つと指摘するもの（藤田 2012，p.445）もある。このように，貧困は子どもにさまざまな影響を与えると考えられるが，ここでは，子どもの貧困と健康の関係について，兵庫

県保険医協会が2017年に行った歯科治療調査から口腔の健康を取り上げてみたい。この調査は，兵庫県の小・中・高・特別支援学校を調査したもので，回答のあった274校で2016年度に学校歯科検診を受けた11万415人の児童を対象にしたものである。

兵庫県保険医協会（2017, pp.50-54）によれば，近年は子どものむし歯が劇的に減少しているといい，兵庫県の調査においても，「むし歯などの口の異常がある」と診断された子どもは3割強の3万4869人であった。しかし，この中にはむし歯の放置と口腔崩壊[7]が存在し，二極化が指摘されるという。

口腔崩壊は346人（全体の0.3%）であった。その家庭状況は，「ひとり親」「保護者の理解不足」「経済的困窮」が上位を占めていたという。言い換えれば，「時間がない」「知識がない」「お金がない」というそれぞれの要素が複合して，むし歯の放置，さらには口腔崩壊につながっていると考えられる。貧困は口腔崩壊の主な要因の1つとなっているのである。

口腔崩壊は，咀嚼状態が問題になるだけではない。噛めるものや食べられるものが制限されて，偏食や体調をくずしがちになったりする。さらには，滑舌が悪くなって発音が不明瞭になったり，口を開けて話したり笑ったりすることに抵抗を感じ，会話することにも抵抗を感じたり，表情がなくなったりする。口腔崩壊は口腔内の健康の問題にとどまらず，心身の健康にさまざまな影響を及ぼすものなのである。

3．結婚と健康

所得以外の社会経済的因子もまた，私たちの健康に影響する。ここでは，所得以外の要因として，結婚について取り上げたい。

図表2-24は，婚姻状態ごとに，主観的健康観が「あまりよくない」「よくない」と答えた人，抑うつ状態の人の割合をみたものである。婚姻状態と主観的健康観の関係をみると，男性には影響がなく，女性は有配偶が最も不健康だと感じている。ただし，重要なのは単なる婚姻状態ではなく，夫婦関係満足度を含めた婚姻状態のようである。夫婦関係満足度の高い有配偶者は，

図表2-24 結婚と主観的健康観・抑うつ状態

(%)

		婚姻状態			夫婦関係満足度		
		有配偶	死別・離別	未婚	低位群	中位群	高位群
「あまりよくない」「よくない」	男性	29.1*	28.7*	27.6*	44.5	28.6	24.1
	女性	31.1	26.0	28.3	41.8	26.4	24.7
抑うつ状態	男性	7.0	13.9	17.3	24.0	7.0	3.2
	女性	7.6	8.5	13.6	22.9	5.2	1.5

＊有意差なし。
出所：近藤（2007）p.79より作成。

男女とも不健康と感じる人が死別・離別や未婚よりも少ない。逆に，夫婦関係満足度の低い有配偶者は，不健康と感じる人の割合がかなり高い。

抑うつ状態についても，同様である。夫婦関係満足度の高い有配偶者には抑うつ状態の人の割合が極めて低く，夫婦関係満足度の低い有配偶者には抑うつ状態の人の割合が高い。このように，結婚して夫婦円満であることが健康にもよい影響を与えるようである。

4．非正規雇用と健康

雇用格差で取り上げた非正規雇用について，健康との関係も取り上げてみたい。

欧米では早くから非正規雇用者の健康に関する研究がみられ，身体的健康や精神的健康，労働災害の面などから研究されてきた（井上ほか 2011）。それらによると，労働災害（労働に伴う負傷や筋骨格系の障害）については雇用形態による差はみられなかったものの，非正規雇用は死亡率を上昇させるという関連が示された。これは，所得の格差といった経済的要因の他にも，精神面での健康度が低いことも関連していると考えられる。例えば，不安定な雇用や不満足な就労からくるストレスで生活習慣が悪化するといったことである。この他にも，低所得のために掛け持ちで仕事をして体調を崩す，体調不良ゆえに正規雇用での働き口がないという悪循環なども考えられる（井

上ほか 2011，pp.129-132）。

　日本における研究でも，同様に，非正規雇用の方が健康ではないことが示されている。福田ほか（2014，p.287）によれば，日本でも，非正規雇用者は正規雇用者に比較して，労働災害や筋骨格系の障害が多い，主観的健康観が低い，うつ症状を有する人が多い，喫煙率が高い，健康診断受診率が低いなどが報告されているという。

　研究を１つ紹介してみよう。**図表 2 -25**は，身体面と精神面の主観的な健康観について，「どちらかといえば健康でない」「健康でない」を選んだ割合である。若年・壮年いずれも非正規雇用の方が身体的にも精神的にも不健康と感じている人の割合が高い。若年では精神的，壮年では身体的に不健康と感じている割合がより高くなっている。

図表 2 -25　主観的に不健康（「どちらかといえば健康でない」と「健康でない」）の割合

(%)

若年正規		若年非正規		壮年正規		壮年非正規	
身体的	精神的	身体的	精神的	身体的	精神的	身体的	精神的
8.4	14.7	14.4	22.6	11.0	15.3	18.4	20.7

出所：李（2014）p.182より作成。

5．健康への取り組み

　さまざまな社会経済的因子が健康に影響を及ぼす中で，私たちが健康であるためにはどのような政策が必要であろうか。

　日本でも，主に公衆衛生の分野で健康についての取り組みがなされてきた。近年では，健康格差についての取り組みもみられるようになっている。例えば，2013年から2022年まで展開された「二十一世紀における第二次国民健康づくり運動（健康日本21（第二次））」では，「国民の健康の増進の推進に関する基本的な方向」の第一として，「健康寿命の延伸と健康格差の縮小」が掲げられ，「あらゆる世代の健やかな暮らしを支える良好な社会環境を構築することにより健康格差（中略）の縮小を実現する」こととされた（厚生労

働省 2012, p.1)。これに関する具体的な指標としては「日常生活に制限のない期間（健康寿命）の平均の都道府県格差の縮小」があげられた。最終評価報告によれば，男性の格差は縮小傾向で「A 目標に達した」であったが，女性の格差は拡大し「D 悪化した」となった（厚生労働省 2022c, p.33)。

スウェーデンでは，健康に影響する政策群は，民主主義政策，人権，メディア政策，労働生活政策，男女平等政策，男女共同参画，障害者政策，子ども政策，青年政策，高齢者政策，所得保障政策，都市開発政策，経済的な家族政策，高齢者の所得保障，患者・障害者の所得保障，住宅政策，労働市場政策，保健・医療政策，環境政策，交通政策，事故防止・緊急医療政策，交通安全政策，消費者政策，感染症コントロール政策，移民政策，教育政策，防犯政策，スポーツ政策，食糧政策，税制，司法であるという（近藤 2010, p.165)。健康に影響を与えるものがさまざまに存在すること，健康をめぐる格差が存在することを意識し，その対策として，多様な政策を関連付けることも必要であろう。

6．健康であるために

私たち個人としては，何ができるだろうか。AGESのデータを紹介しつつ，私たちが取り組めることを考えてみたい。

図表2-26は，主観的健康観と抑うつ状態について，教育を受けた年数との関係をみたものである。教育を長く受けた人ほど，不健康だと感じる人の割合は低く，また，抑うつ状態の人の割合も低い。

また，教育を受けた年数が長い人ほどストレス対応能力も高い（**図表2-27**)。このように，教育を受けることが健康につながるようである。

しばしば指摘されることであるが，日本の教育は自己負担が大きく，高等教育機関へ進学できるかどうかは，本人の能力以外で決まる面も大きい。教育が健康にも影響を与えるという意味でも，教育の格差は問題であろう。奨学金の制度など，より多くの人が教育を受けられるような環境を整えるとともに，私たちもまた積極的に教育を受けようとすることが，健康につながる

雇用格差と健康格差　第❷章

図表2-26　教育年数と主観的健康観・抑うつ状態

(%)

		6年未満	6～9年	10～12年	13年以上
「あまりよくない」「よくない」	男性	44.5	31.7	26.3	24.2
	女性	36.1	30.8	25.1	24.1
抑うつ状態	男性	17.4	9.7	4.9	5.4
	女性	12.8	9.2	5.7	5.3

出所：近藤（2007）p.14より作成。

図表2-27　教育年数とストレス対処能力（SOC得点）

	6年未満	6～9年	10～12年	13年以上
男性	58.7	62.6	65.2	66.6
女性	58.2	61.6	64.6	65.3

出所：近藤（2007）p.46より作成。

　主観的健康観と抑うつ状態については，仕事や社会的ネットワークとも関係があるようである。**図表2-28**によれば，仕事を続けている人たちには，不健康だと感じる人や抑うつ状態の人が少ない。社会的ネットワークについても，活動に参加している人たちに，不健康だと感じる人や抑うつ状態の人が少ない（**図表2-29**）。仕事や社会的ネットワークなど，社会とのつながりのある人の方が健康であると考えられる。

　筆者が健康格差の授業をした際に，「最近仕事を辞めた母が元気ないので，今度ボランティアに誘ってみようと思います」という感想を書いてくれた受講生がいた。さまざまな活動に参加し，社会的なネットワークを豊かにすることは，健康のために私たち自身が取り組めることといえる。

　そしておそらく，最も手軽で，しかし人によっては最も難しいかもしれないものが発想の転換である。言い換えれば，物事をどう捉えるか，ということである。近藤（2010, pp.158-159）も「年収100万円未満の人のうち約15％が『うつ状態』」（**図表2-22**）を例にあげている。「約15％」という数値を，

51

図表2-28 仕事と主観的健康観・抑うつ状態

(%)

		就業者	離職者	継続非就業者
「あまりよくない」「よくない」	男性	15.3	26.1	25.7
	女性	16.9	28.5	25.5
抑うつ状態	男性	3.4	8.7	6.8
	女性	4.5	9.0	6.9

注）離職者とは、1年前には仕事をしていたが、その仕事を辞めて、現在は仕事をしていない人。継続非就業者とは、1年前も現在も仕事をしていない人。
出所：近藤（2007）pp.101-103より作成。

図表2-29 社会的ネットワークと主観的健康観・抑うつ状態

(%)

		1つ以上		ボランティア		スポーツクラブ		町内会		趣味の会	
		参加	不	参加	不	参加	不	参加	不	参加	不
健康観	男性	25.5	37.0	20.6	30.3	17.8	31.8	26.1	32.4	20.2	32.0
	女性	25.4	34.6	16.8	29.8	16.0	30.7	25.3	31.6	19.2	32.3
抑うつ状態	男性	5.6	13.0	3.5	8.5	2.5	9.2	5.5	10.4	3.0	9.5
	女性	5.1	13.7	2.1	8.8	2.4	9.2	4.7	11.4	3.0	10.3

注）町内会には、老人クラブを含む。
出所：近藤（2007）p.86より作成。

年収の高い人たちと比べると割合が高いと捉えるか、約85％は「うつ状態」ではないと捉えるか、という違いである。そうして前向きな気持ちがもてるようになれば、それもまた健康につながるのであろう。

7．健康格差のまとめ

ハーバード大学教授のイチロー・カワチは、「日本の誇るべき長寿に危機感を持っている」（カワチ 2013, p.5）という。カワチは、教育や収入、仕事や人とのつながりなど、社会的な要素が重なり合って、日本人の健康によい影響を与えてきたと考えており、特に「ソーシャルキャピタル」（「社会関係資本」「社会における人々の結束により得られるもの」）の影響が大きいという（カワチ 2013, p.14）。しかし、格差の拡大によりソーシャルキャピタル

は減少傾向にあり，労働，教育，所得，地域などの格差それ自体も，健康に大きな影響を与える。そのような意味で，日本の長寿は戦後初めての危機的な状況にあるといえるかもしれないと述べている（カワチ 2013, pp.18-19）。

健康を自己責任と考える限り，健康格差は解消しない。個々人にとって健康が重要であることはもちろん，健康格差を放置すれば，医療費や労働力といった形で社会全体にマイナスの影響も与える。健康のために，さまざまな取り組みが必要になっていることを改めて認識する必要がある。

おわりに

非正規雇用と正規雇用の間には，賃金や社会保険などの格差がある。男性と女性の間にも，賃金や昇進といった格差がある。また，健康についても格差がある。その人が努力したかどうかで，結果的に格差が生まれるのであれば，格差に納得する人は多いと思う。しかし，雇用格差や健康格差は，そのときの経済状態であったり，性別であったり，家庭環境であったり，個人の努力が及ばないところに多くの要因がある。だからこそ，格差の存在は問題にすべきであるし，格差是正のための取り組みも必要になるのである。

自分がどのような働き方をするか，健康であるためにはどうしたらいいか，本章からそのヒントを見つけてくれただろうか。さらに，すべての働く人にとってのよりよい雇用のされ方とはどのようなものであるのか，どのようにしたらそれを実現できるのか，周りの人の健康のために何ができるか，健康のために社会で取り組むべきことは何か，など，他の人や社会のあり方にも考えが及んだということであれば，なお嬉しい。

注

1）「所定内給与額」とは，労働契約等であらかじめ定められている支給条件，算定方法により6月分として支給された現金給与額（きまって支給する現金給与額）のうち，超過労働給与額（(1)時間外勤務手当，(2)深夜勤務手当，(3)休日出勤手当，(4)宿日直手当，(5)交替手当として支給される給与をいう）を差し引いた額で，所得税

第 **I** 部　日本の格差

　　等を控除する前の額をいう。

2）格差のある理由として「非常に該当すると思う」「ある程度該当すると思う」とした回答割合の合計。

3）休業などの一時的な雇用調整によって，従業員の雇用を維持した企業への助成。

4）労働力調査で，非正規雇用（現職）に就いた主な理由が「正規の職員・従業員の仕事がないから」と回答した人。

5）世帯所得（万円／年）を世帯人数の平方根で除したもの。

6）2018年の貧困線（等価可処分所得の中央値の半分）は124万円（新基準）で，貧困線に満たない世帯員の割合を「相対的貧困率」という。「新基準」とは，2015年に改定されたOECDの所得の定義の新たな基準を用いたもの。

7）この調査では，口腔崩壊は，①むし歯が10本以上あり，②歯の根しか残っていないような未処置の歯が何本もある，③①または②により咀嚼が困難な状態，と定義された。

参考文献・資料

阿部正浩（2017）「非正規雇用増加の背景と課題」『月報司法書士』No.545，pp.4-10。

井上まり子，錦谷まりこ，鶴ヶ野しのぶ，矢野栄二（2011）「非正規雇用者の健康に関する文献調査」『産業衛生学雑誌』53，pp.117-139。

片瀬一男，神林博史，坪谷透編著（2022）『健康格差の社会学』ミネルヴァ書房。

カワチ，イチロー（2013）『命の格差は止められるのか』小学館。

熊沢誠（2003）『リストラとワークシェアリング』岩波書店。

公益財団法人日本WHO協会「健康の定義について」https://www.japan-who.or.jp/commodity/kenko.html（最終検索日2018年8月19日）。

厚生労働省（2012）「国民の健康の増進の総合的な推進を図るための基本的な方針」厚生労働省告示第四百三十号。

厚生労働省（2020a）「2019年　国民生活基礎調査の概況」https://www.mhlw.go.jp/toukei/saikin/hw/k-tyosa/k-tyosa19/dl/14.pdf（最終検索日2022年10月8日）。

厚生労働省（2020b）「令和2年版　働く女性の実情」https://www.mhlw.go.jp/bunya/koyoukintou/josei-jitsujo/dl/20-01.pdf（最終検索日2022年10月8日）。

厚生労働省（2021）「令和元年就業形態の多様化に関する総合実態調査の概況」https://www.mhlw.go.jp/toukei/itiran/roudou/koyou/keitai/19/dl/gaikyo.pdf（最終検索日2022年10月3日）。

厚生労働省（2022a）「別添資料1　脳・心臓疾患に関する事案の労災補償状況」（令和3年「過労死等の労災補償状況」）https://www.mhlw.go.jp/content/11402000/000955416.pdf（最終検索日2022年10月7日）。

厚生労働省（2022b）「令和3年賃金構造基本統計の概況」https://www.mhlw.go.jp/

toukei/itiran/roudou/chingin/kouzou/z2021/dl/13.pdf（最終検索日2022年10月３日）。

厚生労働省（2022c）「健康日本21（第二次）最終評価報告書」https://www.mhlw.
go.jp/content/000998860.pdf（最終検索日2022年10月22日）。

近藤克則（2005）『健康格差社会―何が心と健康を蝕むのか―』医学書院。

近藤克則（2010）『「健康格差社会」を生き抜く』朝日新聞出版。

近藤克則（2022）『健康格差社会―何が心と健康を蝕むのか―　第２版』医学書院。

近藤克則編（2007）『検証「健康格差社会」―介護予防に向けた社会疫学的大規模調
査―』医学書院。

総務省（2018）「平成29年就業構造基本調査の結果」（http://www.stat.go.jp/data/
shugyou/2017/index2.html, 最終検索日2018年８月15日）。

総務省（各年版）「労働力調査」。

千代豪昭，黒田研二編（2010）『学生のための医療概論（第３版）』医学書院。

独立行政法人労働政策研究・研修機構（2009）「平成20年10月実施　男女間の賃金格
差に関する意識調査」。

独立行政法人労働政策研究・研修機構（2020）「新型コロナウイルスと雇用・暮らし
に関するNHK・JILPT共同調査結果概要」https://www.jil.go.jp/tokusyu/
covid-19/collab/nhk-jilpt/docs/20201113-nhk-jilpt.pdf（最終検索日2022年10月11日）。

独立行政法人労働政策研究・研修機構（2022a）「新型コロナウイルス感染症関連情報：
新型コロナが雇用・就業・失業に与える影響　国内統計：雇用形態別雇用者数」
https://www.jil.go.jp/kokunai/statistics/covid-19/c21.html（最終検索日2022年９
月５日）。

独立行政法人労働政策研究・研修機構（2022b）「新型コロナウイルス感染症関連情報：
新型コロナが雇用・就業・失業に与える影響　国内統計：雇用者数」https://
www.jil.go.jp/kokunai/statistics/covid-19/c02.html#c02-8（最終検索日2022年９
月６日）。

独立行政法人労働政策研究・研修機構（2022c）『データブック国際労働比較2022』独
立行政法人労働政策研究・研修機構。

兵庫県保険医協会（2017）『口から見える貧困―健康格差の解消をめざして―』クリ
エイツかもがわ。

福田吉治，可知悠子，安藤恵美子（2014）「非正規雇用をめぐる健康問題：連載にあ
たって」『産業衛生学雑誌』Vol.56 No.6，pp.286-288。

藤田英典（2012）「現代の貧困と子どもの発達・教育」『発達心理学研究』Vol.23
No.4，pp.439-449。

山田昌弘（2021）『新型格差社会』朝日新聞出版。

李青雅（2014）「非正規雇用と健康」独立行政法人労働政策研究・研修機構『労働政
策研究報告書No.164　壮年非正規労働者の仕事と生活に関する研究　現状分析を
中心として』。

第 **3** 章

世代間格差

第Ⅰ部　日本の格差

はじめに

　本章では世代間格差について取り上げる。世代間格差とは生まれ年が異なる人たちの間にある受益と負担の違い（格差）のことである[1]。現在，日本は急速な人口減少・高齢化が進む中，巨額の政府債務を抱えており，大きな世代間格差が存在することが知られている。

　1990年代に世代会計の手法が誕生してから，多くの研究者がこの手法を用いて世代間格差について分析を行ってきた。本章でも，この世代会計の手法の考え方をもとに，世代間格差の問題点や背景，日本の世代間格差の現状等について学んでいく。

2 2つの世代間格差

　世代間格差には「一時点における世代間格差」と「生涯における世代間格差」の2つがある。ここでは，それぞれの世代間格差について説明し，「生涯における世代間格差」が問題となることを述べる。

1．一時点における世代間格差

　ある時点における年齢間（世代間）にみられる受益と負担の関係の違い（格差）が「一時点における世代間格差」である。

　図表3-1は年齢階級ごとの1人当たりの受益と負担の関係を示したものである。**図表3-1**から，公共事業や防衛のような公共財（公共サービス）による受益は生涯を通じて得ているのに対して，税や社会保険料などの支払い（負担）の時期は主に現役期（勤労期）中心，年金や医療などの社会保障を中心とした受益を得る時期は主に高齢期（引退期）中心というように，受益と負担の関係は年齢によって異なっていることがわかる。

　つまり，ある一時点における個人の受益と負担の関係に注目した場合，そ

58

の時点で，その個人が何歳であるか，つまりライフサイクルのどの段階にいるか（勤労期か，それとも引退期か）によって受益と負担の関係は異なる。例えば，その時点で40歳であれば受益と負担の関係は負担超過（負担＞受益）となるが，70歳であれば受益超過（負担＜受益）となり，受益と負担の関係に違い（格差）がみられることになる。

図表3-1　個人のライフサイクルにおける受益と負担

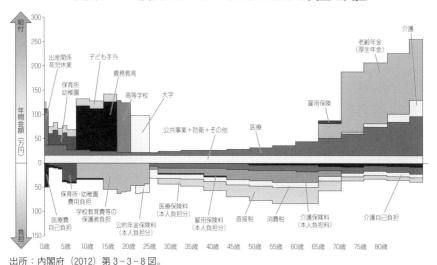

出所：内閣府（2012）第3-3-8図。

2．生涯を通じた世代間格差

　これに対して，ある一時点における受益・負担関係の違いではなく，一生涯（ライフサイクル）を通じた受益・負担関係の違いに注目するのが「生涯を通じた世代間格差」である。つまり，生涯を通じた世代間格差とは，生まれ年によって，その一生涯を通じた受益と負担の関係に違い（格差）があることをいう。

　生まれ年が異なる世代それぞれが直面する一生涯を通じた受益と負担の関

係は，制度・政策や人口動態に違いがなければ，同じとなることが予想されるが，もし制度・政策の変更や，そもそも適用される制度・政策が異なれば，それぞれの世代が直面する受益と負担の関係も違ってくる可能性がある。また，適用される制度・政策が同じであっても（例えば公的年金制度のように）少子高齢化の進展のような人口動態の変化があれば，その生涯を通じた受益と負担の関係に違い（格差）がみられることになる。これが生涯を通じた世代間格差である。

生涯を通じた世代間格差の1つの例が，厚生年金などの公的年金の給付と負担に関する現在の年金受給世代（高齢世代）とこれから年金を受給する世代（現在の若年世代や将来世代）との間の格差である。公的年金の給付と負担については，生まれた年によって大きな違いがあることが知られている。

例えば，鈴木（2012）は厚生年金の純受給額（「生涯に受け取る年金の総額」から「生涯に支払う保険料の総額」を差し引いたもの）について世代別に試算を行い，生まれ年によって純受給額に大きな差があることを明らかにしている（**図表3-2**）[2]。

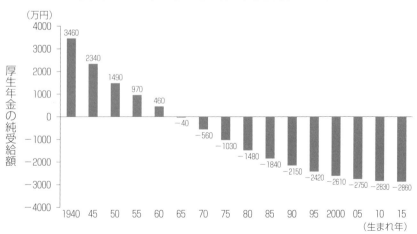

図表3-2　厚生年金加入者の世代間格差の金額

出所：鈴木（2012）図表3-3より作成。

世代間格差　第**3**章

3．問題は「生涯を通じた世代間格差」

　一時点における世代間格差は，ライフサイクルを通じて，負担の時期が主に現役期（勤労期）中心に，そして受益の時期が主に高齢期（引退期）中心になっていることから生じているが，これはある意味で自然の姿といえる。高齢になれば所得稼得能力が低下し，その一方，医療や介護を必要とする可能性は高まる。したがって，負担は現役世代中心，受益は高齢世代中心となり，現役期の受益・負担関係は負担超過，高齢期の受益・負担関係は受益超過というように，現役世代と高齢世代の受益と負担の格差が生じる。また，時間が経過すれば，年齢は上昇し（高齢化し），負担超過であった現役世代もいずれ現役を退き（引退し），高齢世代となり，今度は受益超過へと変化する。つまり，ある一時点においてみられた世代間の格差は時間の経過とともに解消されることになる。

　これに対して，生涯を通じた世代間格差は制度が変更されないかぎり，時間が経過したとしても，けっしてなくなることのない（自然には解消されない）格差である。例えば，前述の厚生年金の純受給額の世代間格差は高齢化が進行する中で厚生年金が実質的に賦課方式財政（年金給付に必要な費用を，その時点の現役世代の負担で賄う財政方式）の仕組みとなっていることから生じている。これは制度や年金を取り巻く状況（高齢化のような人口構造の変化など）が変化しないかぎり，解消されない格差であるといえる。

　生涯を通じた世代間格差は若年世代と高齢世代という現在世代内においてだけでなく，現在世代と将来世代との間でもみられる。中でも将来世代との間で生じる生涯を通じた世代間格差は特に問題であると考えられる。それは，将来世代はまだこの世に生まれておらず，現在の政策決定等に対して自分の意思・意見を表明することができず（つまり投票権をもたない世代），現在の制度，政策のもとで（あるいは何らかの政策決定・政策変更の結果）自らに課されることになる負担を拒否することができないからである。

　したがって，一時点における世代間格差と生涯を通じた世代間格差とでは

61

後者の生涯を通じた世代間格差が問題であると考えられる。なお，このような生涯を通じた受益と負担の関係の違い（格差）に注目し，その大きさを計測することを可能とするのが，本章で後述する世代会計である。

世代間格差をもたらす要因

世代間格差はさまざまな要因が複雑に関係することで発生している。例えば，加藤（2011）は世代間格差の要因として①人口構造の変化，②若者に頼った財政システム，③日本特有の雇用慣行，④近視眼的な政策対応，⑤経済成長の鈍化の5つに整理している。また島澤（2013）は①人口構造の変化，②経済の停滞，③財政構造，④社会保障給付の急増，⑤デフレの影響の5つをあげている。

本章では世代間格差を発生させる要因として，①巨額の政府債務の存在，②人口の減少・高齢化，③財政・社会保障制度の3つを取り上げる。この3つを取り上げるのは，これら3つの要因が日本の世代間格差をもたらす要因の多くを占めるからである。

1．巨額の政府債務の存在

第一は，日本が抱える巨額の政府債務の存在である。**図表3-3**に示すように日本の財政は長期にわたって歳出が歳入（税収）を上回る状況が続いており，特に2008年度以降，景気悪化に伴う税収の減少等によって歳出と歳入の差は拡大し，毎年30兆円を超える国債が発行され続けている（つまり，毎年，財政赤字が発生している）。その結果，日本の国債残高は年々増加の一途をたどり，2022年度末時点の普通国債残高は1026兆円，「国及び地方の長期債務残高」は1244兆円（対GDP比220％）に達する見込みとなっている[3]。また，一般政府（中央政府，地方政府，社会保障基金をあわせたもの）でみた債務残高（対GDP）の国際比較をみても日本の債務残高は235.4％（2019年）と主要先進7ヵ国中で突出した水準であり，世界187ヵ国との比較でもギリ

シャの184.9％（185位）を抜き，187位と最悪の水準となっている（いずれもデータ出所は財務省 2022a）。

　財政赤字は利払い費の増加による政策の自由度低下（財政の硬直化）や金利上昇による経済への悪影響（クラウディング・アウト）を生じさせるとともに，将来（世代）へ負担を転嫁（課税の将来への先送り）することになる

図表 3-3　日本の財政状況

注）2021年度までは決算，2022年度は補正後予算による。
出所：財務省（2022b）。

という意味で世代間格差を生じさせる要因となる。

2．人口の減少・高齢化

第二は，人口の減少・高齢化である。日本では1970年代半ばからの少子化の結果，総人口は2008年の１億2808万人をピークとして人口減少へと転じ，2065年には8808万人，2115年には5056万人と現在の４割程度の水準まで減少すると見込まれている[4]。また，人口減少の一方で高齢化も進み，日本の高齢化率（総人口に占める65歳以上人口の割合）は2065年には38.4％に達すると見込まれている。

人口減少は将来世代の人口規模の縮小を意味し，将来世代１人当たりの負担を重くする要因となる。さらに，人口減少とともに進む高齢化は労働力人口の減少などを通じて中長期的な経済成長に影響を及ぼすことが考えられるとともに，現在の税・財政構造，そして実質的な賦課方式財政となっている社会保障制度のもとでは次に示すように若年世代から高齢世代へと大きな世代間の所得移転を引き起こし，世代間格差を拡大させることになる。

3．財政・社会保障制度―受益と負担の構造

第三は，現在の財政・社会保障制度のもとでの年齢間の受益・負担構造である。現在の財政・社会保障制度のもとでの年齢間の受益・負担構造には偏りがみられ，若年・現役世代から高齢世代への大きな所得移転が生じているだけでなく，将来世代へと負担を先送りする構造となっている。

図表3-4は年齢別の財政・社会保障制度等を通じた受益と負担を示したものである。税および社会保障の負担は年齢とともに大きくなっていき，負担のピークは50歳頃となっている。これは50歳代頃までは年齢とともに所得水準が上昇することによって所得税や社会保険料などの負担が増加するが，60歳を超えると現役を退く層が増えて所得水準が低下することに加え，社会保険料等の負担がなくなることによって負担が減少するためである。一方，受益は60歳頃まではそれほど大きくなく，60歳を超えると著しく増大してい

く。これは60歳頃までは受益の中心が医療などの現物給付の受け取りであることに対して、60歳を超えると医療などの現物給付に加えて年金などの現金給付が増大するためである。

次に、受益と負担の差である「純受益」（＝受益－負担）について年齢別にみると、純受益は15〜60歳はマイナス、つまり負担超過であり、負担超過は30歳代のときに一時減少するものの加齢とともに大きくなっていき、50歳時点で最も大きな負担超過となる。その後、負担超過の大きさは縮小していき、65歳以上になると受益超過、つまりプラスの純受益となり、年齢の上昇とともにその額は大きくなっていく。

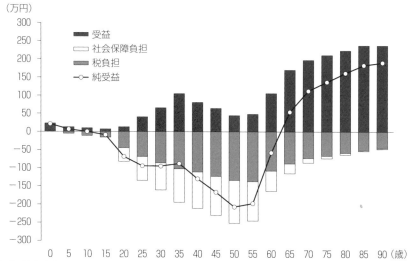

図表3－4　2015年単年の1人当たり受益・負担額

出所：筆者作成。

なお、これは「所得再分配調査」（厚生労働省 2019）でも確認することができる[5]。つまり、年齢別にみた社会保障の給付（受益）と負担の関係は、税負担、社会保険料負担は年齢とともに増加し、50〜54歳がピーク、給付（受益）は年齢とともに増加している様子がみられる。

第Ⅰ部　日本の格差

　このように，現在の財政・社会保障制度のもとでの年齢間の受益・負担構造は現役世代が負担超過，高齢世代は受益超過となっており，しかも現役世代の年齢層の負担超過額と比べても65歳以上の高齢世代の年齢層の受益超過額は非常に大きい。したがって，人口構造の変化（人口高齢化）に伴って若年・現役世代人口の割合が低下し，高齢世代人口の割合が大きくなるにつれて政府の収入は減少し，一方，政府の支出は増加するため，政府の資金不足（財政赤字）は増大していくことが予想される。

　さらに，厚生労働省（2019）に基づいて世代間の所得再分配の状況についてみると，若年・現役世代から高齢世代へと過剰ともいえる世代間での所得移転が行われている現状が明らかとなる。**図表3-5**には世帯主の年齢階級別の当初所得，再分配所得を示した[6]。世帯主の年齢階級別の当初所得，再分配所得をみると，当初所得では30〜34歳499万円，65〜69歳300万円となっているのに対して，所得再分配後の再分配所得でみると30〜34歳446万円，65〜69歳482万円と所得の高低が逆転している。

　現在の財政・社会保障制度のもとでみられる年齢間の受益・負担構造の偏

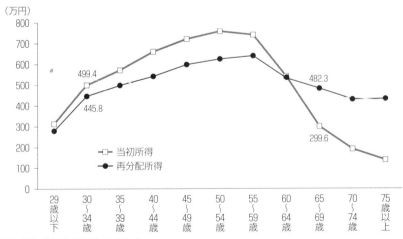

図表3-5　世帯主の年齢階級別の当初所得，再分配所得

出所：厚生労働省（2019）より作成。

りは，若年・現役世代から高齢世代への大きな所得移転を生じさせているとともに，将来世代へと負担を先送りする構造となっており，世代間格差の要因となっている。

世代間格差を測る——世代会計入門

日本の世代間格差はどの程度あるのか。ここでは世代会計の手法を用いて，日本の世代間格差の大きさを確認する。

1．世代会計とは何か

世代会計はアラン・アゥアバックら（Auerbach et al. 1991）によって初めて提唱され，その後，多くの研究者がこの手法を用いて世代間格差について分析を行ってきた。

世代会計とは，現在世代（現時点で生存している世代）と将来世代（これから生まれる世代）が現在時点の政府純債務残高と将来の政府の財政支出を負担するという政府の異時点間の予算制約のもとで，現行の財政・社会保障制度や政府の政策を前提に，政府との間で発生する個々の世代の負担と受益を現在価値化した上で，現在世代と将来世代それぞれの生涯の負担額と受益額を計算することによって各世代の生涯純負担額（＝生涯負担額－生涯受益額）または生涯純負担率（生涯所得額に対する生涯純負担額の割合）を求めるものである。

いま，政府の異時点間の予算制約式は次のようにあらわされる。

| 将来の政府収入の合計 |
＝| 将来の政府支出の合計 |＋| 現在の政府の純債務残高 |　…(1)式

ここで，将来の政府収入・支出の合計などは割引現在価値であることに注意が必要である。割引現在価値とは将来価値を現時点での価値に換算したものをいう[7]。異なる時点の価値を足したり，比較したりする場合には割引現在価値で考える必要がある。以下，将来の受益や負担，非移転支出の合計な

ども割引現在価値であらわされている。

さて，(1)式は政府側の視点からみたものであるが，これを個人側の視点からみる。すると，政府の収入は個人からみれば「負担」（税や社会保険料の支払い），政府の支出は個人からみれば「受益」（年金，医療給付などの受け取り）となる。また，政府支出は社会保障などの特定の個人の受益とみなすことができる支出項目（移転支出）と政府消費や政府投資のように特定の個人の受益とみなすことが難しい支出項目（非移転支出）とに区別できる。したがって，(1)式は次のとおりになる。

|現在世代の将来の負担の合計|＋|将来世代の負担の合計|
　＝|現在世代の将来の受益の合計|＋|将来世代の受益の合計|
　＋|将来の政府の非移転支出の合計|＋|現在の政府の純債務残高|　…(2)式

(2)式を整理して，

|現在世代の将来の純負担の合計|＋|将来世代の純負担の合計|
　＝|将来の政府の非移転支出の合計|＋|現在の政府の純債務残高|　…(3)式

を得ることができる。ここで「純負担」は負担と受益の差（つまり，純負担＝負担－受益）である。

(3)式が世代会計の基本となるものであり，現在世代と将来世代の純負担の合計が，現在から将来にかけての政府の非移転支出の合計と現在時点で存在する政府の純債務残高の合計に等しくならなければならないという，政府の異時点間の予算制約をあらわしている。つまり，この式はゼロサムゲーム的状況を示しているといえ，例えば，世代を通じての非移転支出が一定とすれば，現在世代の将来の純負担の減少は将来世代の純負担の増加をもたらすということになる。

世代会計では現在世代には現行の制度や政策を前提とした税率や社会保障給付等が適用され，先送りされた政府債務はすべて将来世代が負担するという仮定が置かれる。これによって，政府の異時点間の予算制約式が満たされることを前提として，現在世代と将来世代それぞれの生涯純負担額（率）を求めることができる[8]。

世代間格差　第**3**章

　こうして求められた現在世代と将来世代の生涯純負担額（率）が一致する
ならば，それは世代間の公平性が保たれている（世代間均衡）が，現在世代
と将来世代の生涯純負担額（率）が異なるならば，それは世代間格差（世代
間不均衡）が存在するということを意味する[9]。現在世代の生涯純負担に比
べて将来世代の生涯純負担が大きいならば，それは将来世代に対して負担を
課していることを意味するのである。

　世代会計の手法を用いることで，私たちは①現在の税財政制度・政策のも
とで，現存する各世代がそれぞれ支払うことになる純負担の大きさに加えて，
現在の財政・社会保障制度や政策を前提としたときに発生する②潜在的な政
府債務の大きさ，③将来世代の純負担の大きさ，④世代間での財政負担の不
均衡の大きさ，さらには⑤何らかの制度変更あるいは政策が実施されたこと
による世代間所得移転の大きさ，などを知ることができる[10]。

2．世代会計でみる日本の世代間格差

　ここでは日本の世代間格差の実態について，世代会計の手法を用いて実際
に推計された例として，島澤（2017）が試算した2015年を基準年とする世代
会計を紹介する（**図表3-6**，**図表3-7**）[11]。

　図表3-6には2015年時点における各世代の生涯負担額，生涯受益額，生
涯受益額と生涯負担額の差である「生涯純受益額」が描かれている[12]。生涯
純受益額が負（マイナス）の値であれば，それは生涯受益額よりも生涯負担
額の方が大きい（つまり負担超過）であることをあらわしている。

　現在世代内の生涯純受益額に注目すると，80歳以上の世代は受益が負担を
上回る受益超過にあるが，それ以下の世代では負担が受益を上回る負担超過
であり，40〜60歳世代で負担超過が大きいことを除けば，それ以外の世代で
はそれほど大きな差はないということがいえる。

　しかし，将来世代に注目すると，将来世代は約6300万円の大幅な負担超過
であり，2015年生まれ世代（0歳世代）との差は約3600万円もあり，その世
代間格差は132％にもなる。

69

第Ⅰ部　日本の格差

図表3-6　日本の世代会計の例

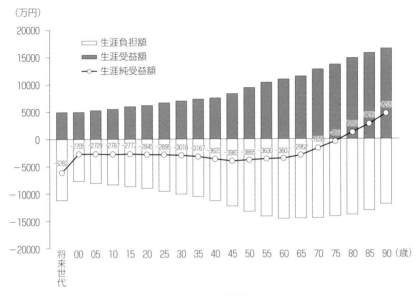

出所：島澤（2017）表2に基づき一部表記等修正の上筆者作成。

　この132%という数字は将来世代が現在世代（0歳世代）と比べて，約2.3倍の生涯純負担に直面するということを意味しており，現在世代と将来世代との間に大きな世代間格差が存在するということをあらわしている。

　また，次の**図表3-7**は生涯純負担額を生涯所得額で除して求めた生涯純負担率を示したものである。税負担や社会保障負担は所得水準に比例して大きくなる傾向がある。そのため所得が高い世代ほど負担額が大きくなる可能性がある。そこで，生涯所得に対する割合で示したのが生涯純負担率である。

　生涯純負担率でみても，80歳以上世代を除けば，生涯純負担率は年齢が若くなるほど高くなる傾向になるものの，それほど大きな差はみられない（0歳世代と50歳世代の間でも3ポイント程度）が，将来世代の生涯純負担率は47.5%と，0歳世代の20.3%と比べても約27ポイント高くなっており，現在世代と将来世代との間で大きな世代間格差があることがわかる。

第3章 世代間格差

図表3-7 生涯純負担率

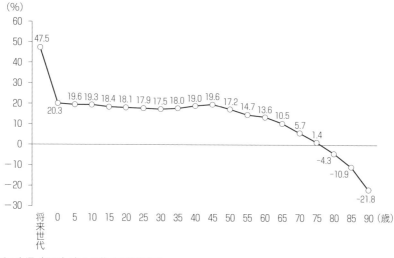

出所：島澤（2017）表2に基づき筆者作成。

　以上のとおり，日本では現在世代との将来世代との間に大きな世代間格差が存在する。世代会計の産みの親であるローレンス・コトリコフはスコット・バーンズとの共著『破産する未来』（Kotlikoff and Burns 2004）において，このように後世代に重い負担（大増税）を課す状況を「財政的幼児虐待」（fiscal child abuse）と呼んでいるが，日本はまさにその状況にあるのである。

3．世代間格差の源泉

　上述のような大きな世代間格差を生み出している源泉はどこにあるのだろうか。島澤（2017）では世代間格差を生み出している源泉に関するシミュレーション分析も行われている。島澤（2017）によれば世代間格差の源泉は，その大きさ順に，①年齢によりアンバランスな受益・負担構造[13]，②人口動態（人口減少・高齢化），③政府純債務残高の存在，④その他の要因（非移転支出の存在など）にあり，①〜③で全体の92％を占める[14]。

すなわち，ここから島澤（2017）は日本の世代間格差の解消には財政・社会保障制度の受益負担構造の見直しを少子化対策や財政健全化とあわせて実施しないかぎり解消できないということを指摘している。

世代間格差に対する見方

世代間格差に対しては早期に解消すべき必要があると考える見方がある一方で，戦後の経済成長やそれに伴う生活水準の向上，社会保障制度の充実などの要因を考慮する必要があり，世代間格差の問題は強調すべきではないとする見方もある。

厚生労働省は公的年金に関する報告書等において，戦後の経済成長やそれに伴う生活水準の向上，社会保障制度の充実などの要因を考慮する必要があり，世代間格差の問題は強調すべきではないと繰り返し主張している。すなわち，現在の高齢世代は公的年金制度など社会保障制度が充実してなかった時代に自分の親を養うための費用をいわば私的負担してきており，これを考慮すれば実際には現在の高齢世代の負担は（例えば前述の世代会計による推計結果でみられるほど）軽くなかったといえる。また現在の若年・現役世代は（現在の高齢世代によって達成された）過去の経済成長による生活水準の向上の恩恵を受けており，これを考慮するならば実際には現在の若年・現役世代は（世代会計等による推計結果以上の）受益（給付）を得ているといえるというのである。

現在の高齢世代と若年・現役世代との間にある世代間格差をどの程度，問題とすべきかについては議論の余地がある。ただし，この見方が現在世代と将来世代との間にある世代間格差にも通用するのかといえば，疑問もある。経済成長や社会保障制度などがほとんど変わらない現在の若年・現役世代と将来世代との間でみられる大きな世代間格差は上記の理由では説明できないといえるのではないかとも考えられるのである。

シルバー民主主義と世代間格差

　高齢社会では投票者に占める高齢者の比率が高くなり，選挙における高齢者の影響力が強くなることから，政治家が高齢者向けの政策を優先するようになるということが生じる。これはシルバー民主主義と呼ばれる現象である。

　例えば，2020年の国勢調査によると20歳以上の日本の世代別人口数は20歳代1196万人，30歳代1380万人，40歳代1794万人，50歳代1631万人，60歳代1537万人，70歳代以上2726万人となっており，20歳代，30歳代に比べて，60歳代以上の人口は約1690万人も多い。年齢別の人口数が多いということは，それだけ政策決定に対する影響力が強いということを意味するが，単に人口数が多いという点にとどまらない。

　総務省では国政選挙における年代別投票率を公表しているが，これによれば年齢が高くなるにつれて投票率も高くなる傾向にある。例えば，2022年7月に実施された第26回参議院議員選挙の年代別投票率は10歳代35.4％，20歳代34.0％，30歳代44.8％，40歳代50.8％，50歳代57.3％，60歳代65.7％，70歳以上55.7％である[15]。この年代別投票率の順位はいずれの選挙でもほとんど変わることはない。

　したがって，もし政治家が再選されることを考えるならば，若年者向けの政策よりも高齢者向けの政策を掲げた方が再選される確率は高まるということになる。つまり，シルバー民主主義のもとでは政策の中心が高齢者向けのものとなる傾向が強まる。

　このとき年齢の違いにかかわらず政策志向が同じであれば何ら問題はないといえるかもしれないが，年齢によって政策志向は異なる。例えば，**図表3-8**は少子高齢化が進行する状況における高齢者と現役世代の負担水準について年齢別にみたものであるが，年齢が低い層では「高齢者の負担増はやむを得ない」と考えている人の割合が比較的高いのに対して，高年齢層では「現役世代が負担するべき」と考えている人の割合が高くなる傾向にある。また，

第I部 日本の格差

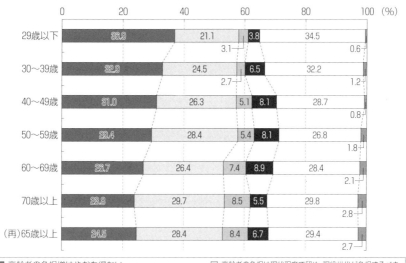

図表3-8 年齢階級別にみた少子高齢化が進行する状況における高齢者と現役世代の負担水準について

出所：厚生労働省（2018）図33。

「高齢者の負担を引き下げ，現役世代の負担を大幅に増やすべき」と考えている人の割合も年齢とともに高くなる。さらに図表3-9は内閣府が2008年に実施した「家計の生活と行動に関する調査」であるが，社会保障の給付と負担のあり方に対する選好は，若年・現役世代では「給付維持・負担上昇」よりも「給付削減・負担維持」への支持が多いが，年齢が上がるほど「給付維持・負担上昇」を選択する割合が増え，「給付削減・負担維持」を選択する割合は減るという結果になっている。

したがって，シルバー民主主義のもとでは，高年齢層の影響力が強くなり，高年齢層の選好にあった政策が選択される結果，若年層あるいは将来世代の負担がいっそう重くなる（つまり，世代間格差が拡大する）という可能性がある[16]。

図表 3 - 9　年齢ごとの社会保障の給付と負担のあり方に対する選好

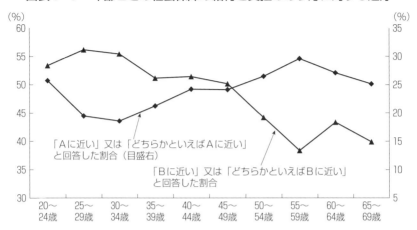

注）社会保障の給付と負担のあり方に対する選好について，A「給付維持・負担上昇」，B「給付削減・負担維持」とし，1＝Aに近い，2＝どちらかといえばAに近い，3＝AとBの中間，4＝どちらかといえばBに近い，5＝Bに近い，の5段階で選択。
出所：内閣府（2008）第3-2-11図。

 ## 新型コロナウイルスの感染拡大と世代間格差

　2019年11月に中国・湖北省武漢市で初めて確認され，その後世界的流行（パンデミック）を引き起こした新型コロナウイルス感染症（COVID-19）は2022年12月時点で世界の感染者数6億4千万人超，死亡者数664万人超となっている[17]。日本でも2020年1月に国内で最初の感染例が確認されて以降，今日まで日本国内の感染者数の累計は2698万人を超え，死亡者数は5万3千人超となっている。新型コロナ感染の動向はいくつかのフェーズにわかれており，これまで日本では7回の大きな感染拡大があった（2022年12月時点）。
　この間，日本では緊急事態宣言，まん延防止等重点措置の発出等が繰り返され，世界の多くの国・地域と同様，日本でもコロナ禍で財政支出は大幅に拡大し，その結果，財政赤字の対GDP比は2008年秋のリーマンショックを超える赤字幅を記録した（2020年の財政赤字の対GDP比9.3％）。2021年度は

第I部　日本の格差

5.9％と2020年度の水準と比べれば改善したが，依然として大きな財政赤字を記録しており新型コロナウイルスの感染拡大は政府債務増大の大きな要因となっている。

　また，緊急事態宣言やまん延防止等重点措置による行動規制は（若年・現役世代と比べて）重症化リスクが高いと考えられる高齢者に便益をもたらす一方で，感染拡大防止策に伴う経済活動の低迷によるコストは，例えば雇用の減少に見舞われる子どもや若年世代層に生じるという意味で世代間の所得移転を伴う。加えて，行動規制は人々の結婚行動にも影響し，これは将来の出生数にも影響することが考えられる[18]。例えば笠間（2021）は新型コロナ流行に伴う将来不安に加えて「人との接触の制限」，「健康への不安」が加わることで出生数の大幅な減少が懸念されるとする。また，令和4年版の『少子化社会対策白書』（内閣府 2022）でも新型コロナウイルス感染症の影響が続く中で婚姻件数，妊娠届出数の減少が続いていることが指摘されている。

　新型コロナ流行による出生数減少について2022年4月24日付の日本経済新聞には「出生数，先進国では回復」との記事が掲載され，その影響は当初の予想よりも小さい可能性が示されたが，仲田・千葉（2022）の研究によれば日本では2020,21年の2年間で婚姻数は約11万組減少し，この減少分の埋め合わせがなければ将来的に約21万人の出生数減少となる可能性があるという[19]。

　新型コロナウイルスの感染拡大による財政赤字の増大，また婚姻数の減少が出生数に影響し将来世代の人口規模の縮小を招くならば，これは将来世代1人当たりの負担が重くなる要因となる，つまり世代間格差の拡大につながる可能性があるといえよう[20]。

❽ おわりに

　本章では世代間格差について学んできた。本章では最初に，世代間格差には「一時点における世代間格差」と「生涯における世代間格差」の2つがあ

ることを述べ，世代間格差をもたらす要因について整理した。次に，世代会計の手法について説明し，世代会計の手法を用いて実際に推計された日本の世代間格差の例を紹介した。その後，世代間格差に関する本章とは異なる視点からの見方を紹介し，シルバー民主主義，新型コロナウイルス感染拡大と世代間格差の関係について述べた。本章を通じて，現在，日本に大きな世代間格差が存在することを理解してもらえたのではないかと思う。

　最後に，世代間格差を解消する方法について若干述べておこう。世代間格差を解消するには財政赤字の削減，少子化対策，財政・社会保障制度における受益・負担構造の見直しなどが必要となる。コトリコフは『破産する未来』において，世代間均衡の回復に必要となる負担の増加，受益の削減の大きさを示したものを「『痛み』のメニュー」と呼んでおり，これまで日本で世代会計の手法を用いて試算された「痛み」のメニューでは約40〜60％の負担の増加，約60％の受益の削減が必要となることが示されている。

　また，これまでの研究から，世代間均衡の回復のためにどのような手段（政策）を用いるかによって世代間で利害の対立が生じることも明らかとなっている。例えば，前述の「痛み」のメニューであれば，若年・現役世代にとっては負担増よりは受益減の方が追加的に発生する「負担」は小さくて済むが，高齢世代にとっては受益減よりも負担増の方が追加的に発生する「負担」は小さい。すなわち，いま追加的に発生する負担が小さい方が各世代にとって望ましいとするならば，望ましい世代間均衡回復の手段をめぐって世代間で利害の対立が生じることになる[21]。このことは本章で述べたシルバー民主主義とも関連して，世代間格差の解消をより複雑にする。

　さらに，そもそも世代間格差には現在世代と将来世代との間で利害の対立もある。現在世代は（高齢世代だけでなく若年世代にとっても）問題を先送りすることで追加負担を免れることができるのである。そのため「財政的幼児虐待」状態にある現状の改善に向けて，国枝（2004），小黒（2010）などは本章で説明した世代会計を予算編成に活用するとともに，「世代間公平確保基本法」の制定や世代間公平を監視する独立機関または委員会の設置など

第 **I** 部　日本の格差

を通じて，将来世代への過剰な負担の先送りを許さない政治システムの構築を提言している。

　世代間格差の問題はけっして他人事ではない。本章での学びを通じて，将来世代についても考えるきっかけにして欲しい。

注

1）人口学では同じ生まれ年の人口集団（同時出生集団）のことをコーホート（cohort）と呼ぶ。つまり，ここでいう世代間格差とは異なるコーホート間（例えば1960年生まれの人たちと1990年生まれの人たちとの間，あるいは2000年生まれの人たちとこれから生まれる人たち（将来世代）との間など）の受益と負担の格差のことを指す。

2）年金の世代間格差については厚生労働省の「財政検証結果レポート」にも掲載されていた。「平成26年財政検証結果レポート」では厚生年金（基礎年金を含む）の保険料負担額に対する年金給付額の倍率を世代ごとに試算した結果が掲載され，年金の給付負担倍率に世代間で格差があることが示されていた。なお「2019（令和元）年財政検証結果レポート」には，払った保険料に対して平均的にどれだけの給付が受けられるかという指標は年金の本質的機能である「リスクヘッジによる安心のメリット」を考慮していないという理由から「年金の給付負担倍率」は掲載されていない。

3）国が発行する債券が国債であり，国債は普通国債と財政投融資特別会計国債（財投債）に区分される。普通国債としては建設国債，特例国債，年金特例国債，復興債及び借換債がある。

4）国立社会保障・人口問題研究所「日本の将来推計人口（平成29年推計）」出生中位（死亡中位）推計による。なお，より低い出生率を仮定した低位推計では日本の総人口は2065年には8213万人，2115年には3877万人まで減少すると見込まれている。

5）「所得再分配調査」は社会保障制度における給付と負担，租税制度における負担が所得の分配に与える影響を調査するものである。調査は3年ごとに行われているが，2020年に予定されていた調査は先行する国民生活基礎調査が新型コロナウイルスの感染拡大を受けて中止になったことに伴い実施されないこととなった。そのため本章執筆時点で最新の調査は「平成29年所得再分配調査」となっている。

6）当初所得は雇用者所得，事業所得，農耕・畜産所得，財産所得，家内労働所得及び雑収入並びに私的給付（仕送り，企業年金，生命保険金等の合計額）の合計額であり，再分配所得は当初所得から税金，社会保険料を控除し，社会保障給付（現金，現物）を加えたものである（厚生労働省 2019）。

7）例えば，金利を5％として考えてみよう。金利5％ならば，今年の1万円は来年

の1万500円と等しくなる（なぜなら1万円を預金すれば5％の金利が付いて1年後には1万500円になる）。したがって、来年の1万円は今年の価値であらわすと9524円（＝10000÷（1+0.05））の価値しかないことになる。このように将来価値を現時点の価値に変換したものが割引現在価値である。

8）生涯純負担率は各世代の生涯純負担額をその世代の生涯所得額で除したものである。

9）生まれ年の違いによる差（格差）がない状態を世代間均衡（世代間公平）とする「Kotlikoff基準」に対して、若年世代の可処分所得に対する高齢世代向けの移転の割合を一定にするという「Musgrave基準」の考え方がある。これは高齢化や経済成長によって世代別にみた受益や負担は異なるかもしれないが、仮にどの時点においても1人当たり可処分所得の分配比率が現役世代と退職世代との間で常に一定であって変わらなければ世代間公平であるとするものである。

10）もちろん世代会計の手法は万能ではない。さまざま限界や問題点もある。専門的になるので本章ではこれ以上詳しくは述べないが、関心ある読者は吉田（2006, 2008）、水谷（2018）などを参照されたい。世代会計を用いて政策評価を行う場合には世代会計がもつ限界、問題点について十分理解し、慎重に行う必要がある。

11）アゥアバックらによって当初提唱された世代会計は推計時点より以前の受益と負担についてはカウントせず、現在世代については残りの生涯期間における受益と負担のみをカウントするものであったので、比較することができるのは0歳世代と将来世代の生涯純負担のみであった。これに対して、ここで示された世代会計は過去の受益と負担についても遡って反映させており、現在世代内での生涯純負担を比較することが可能なものとなっている。

12）図表3-6では生涯負担額は負（マイナス）の値として描かれている。

13）年齢によりアンバランスな受益・負担構造とは、若年ほど薄く、高齢になるほど厚くなるため多くの世代で負担超過となっている現在の財政・社会保障制度の受益・負担構造をいう。詳しくは島澤（2017）を参照されたい。

14）0歳世代と将来世代の生涯純負担率の格差27.2ポイントのうち、①人口動態不変ならば9ポイント（33％）が、②現時点での政府純債務残高が存在しないならば6.5ポイント（24％）が、③受益・負担構造が個人単位で収支均衡するならば9.5ポイント（35％）が解消される（島澤 2017）。

15）70歳以上で投票率が低下しているのは70〜74歳、75〜79歳の投票率がそれぞれ66.5％、64.2％と高いに対して80歳以上の投票率は42.9％と低下していることによる。これは高齢に伴う病気など健康上の理由が影響していると考えられる。

16）高齢者の政治的影響力が強くなるというシルバー民主主義に対抗する手段としては若年層の政治的影響力を高めるという方法が考えられる。例えば、八代（2016）では①若年層の投票に対するインセンティブを高めること、②投票を義務化すること、③「世代別選挙区方式」（議会の議席数を世代別人口に応じて割り振る）、「ド

メイン投票方式」（投票権をもたない未成年者の票を親が代わりに投じる），「平均
余命投票方式」（平均余命が長い若年者ほど，それに比例して一票の価値を高める）
など選挙制度，投票制度の改革を通じて高齢者の政治力を抑制すること，などがあ
げられている。

17) データの出所はWHO Coronavirus（COVID-19）Dashboard（https://covid19.
who.int/）（2022年12月17日現在）。

18) 出生に占める嫡出ではない子の割合は欧米が33〜61％に対して，日本は2.3％と
低く，日本では結婚と出生が密接に関係していると考えられる（厚生労働省 2021）。

19) その後，新たに算出した2022年の推計値に基づいた研究では2020〜22年の3年間
で減少した婚姻数は約16.6万件となり，埋め合わせがない場合の将来的な出生数減
少は25.5万人になることが示されている。仲田泰祐・千葉安佐子（2022）「コロナ
禍における婚姻・出生」COVID-19 AI・シミュレーションプロジェクト（https://
www.covid19-ai.jp/ja-jp/presentation/2022_rq1_simulations_for_infection_
situations/articles/article405/）〔最終アクセス：2022年12月29日〕。

20) 大竹（2022）は新型コロナ感染症対策の目標である感染抑制と社会経済活動との
間に，現在世代内でのトレードオフと将来世代と現在世代の間でのトレードオフと
いう2つのトレードオフ関係があることを指摘している。

21) このような違いは主として負担の時期と受益の時期が異なることから生じる。割
引現在価値でみた場合，現在あるいは近い将来の出来事はほとんど割り引かれない
のに対して，遠い将来の出来事は大きく割り引かれることになる。そのため，例え
ば，受益の削減は若年世代にとって遠い将来の出来事であるため割引現在価値でみ
ると大きく割り引かれ，その影響は小さくなるが，高齢世代にとっては現在あるい
は近い将来の出来事であるためほとんど割り引かれず，その影響は大きくなるので
ある。

参考文献

井堀利宏（2016）『消費増税は，なぜ経済学的に正しいのか―「世代間格差拡大」の
財政的研究―』ダイヤモンド社。

大竹文雄（2022）「新型コロナ感染症対策とEBPM」衆議院予算委員会中央公聴会（2
月15日）資料。

小黒一正（2010）『2020年，日本が破綻する日―危機脱却の再生プラン―』日経プレ
ミアシリーズ。

笠間美桜（2021）「新型コロナウイルスの流行による少子化への影響」財務総合政策
研究所「人口動態と経済・社会の変化に関する研究会」報告書，第10章。

加藤久和（2011）『世代間格差―人口減少社会を問いなおす』ちくま新書。

国枝繁樹（2004）「世代間公平確保基本法の提言」『中央公論』8月号（1443号），

pp.150-159.

厚生労働省（2018）『平成30年高齢期における社会保障に関する意識調査報告書』。

厚生労働省（2019）『平成29年所得再分配調査報告書』。

厚生労働省（2021）『人口動態統計特殊報告　令和 3 年度「出生に関する統計」』。

財務省（2022a）『日本の財政関係資料（令和 4 年 4 月）』。

財務省（2022b）『これからの日本のために 財政を考える（令和 4 年10月）』。

島澤諭・山下努（2009）『孫は祖父より 1 億円損をする―世代会計が示す格差・日本』朝日新書。

島澤諭（2013）『世代会計入門―世代間格差の問題から見る日本経済論』日本評論社。

島澤諭（2017）『シルバー民主主義の政治経済学―世代間対立克服への戦略―』日本経済新聞出版社。

城繁幸・小黒一正・高橋亮平（2010）『世代間格差ってなんだ―若者はなぜ損をするのか？』PHP新書。

鈴木亘（2012）『年金問題は解決できる！―積立方式移行による抜本改革―』日本経済新聞出版社。

内閣府（2008）『平成20年版経済財政白書』。

内閣府（2012）『平成24年版経済財政白書』。

内閣府（2022）『令和 4 年版少子化社会対策白書』。

仲田泰祐・千葉安佐子（2022）「婚姻数急減『人と会えなかった 2 年』の深刻な影響」東洋経済オンライン（https://toyokeizai.net/articles/-/510941）〔最終アクセス：2022年12月 7 日〕。

水谷剛（2018）『日本財政における世代間格差の評価　世代会計の手法を拡張した分析』関西学院大学出版会。

みずほ総合研究所編（2017）『データブック格差で読む日本経済』岩波書店。

明治大学世代間政策研究所編（2012）『20歳からの社会科』日経プレミアシリーズ。

八代尚宏（2016）『シルバー民主主義―高齢者優遇をどう克服するか―』中公新書。

吉田浩（2006）「世代間不均衡と財政改革―世代会計アプローチによる2000年基準推計結果―」高山憲之・斎藤修編『少子化の経済分析』東洋経済新報社，pp.173－196.

吉田浩（2008）「世代会計による世代間不均衡の測定と政策評価」貝塚啓明＋財務省財務総合政策研究所編著『人口減少社会の社会保障制度改革の研究』中央経済社，pp.257-296.

Auerbach, A.J., J. Gokhale and L.J. Kotlikoff（1991）Generational Accounts: A Meaningful Alternative to Deficit Accounting, in David Bradford（ed.）, *Tax Policy and the Economy*, Vol. 5, The MIT Press, pp.55-110.

Kotlikoff, L.J.（1992）*Generational Accounting: Knowing Who Pays, and When, for What We Spend*, The Free Press.（香西泰監訳『世代の経済学―誰が得をし，誰が

 日本の格差

損をするのか』日本経済新聞出版社,1993年)

Kotlikoff, L.J. and S. Burns(2004)*The Coming Generational Storm: What You Need to Know about America's Economic Future*, The MIT Press(中川治子訳『破産する未来—少子高齢化と米国経済』日本経済新聞社,2005年)

第**4**章

格差と貧困

第**Ⅰ**部 日本の格差

①はじめに

　2020年2月にY市の集合住宅の一室で，無職の母親（57歳）と長男（24歳）の遺体が見つかった。水道とガスは止められ，食べかけのマーガリンや小銭などしか残っておらず，困窮の末に餓死した可能性が高いとされた。母親は死後1か月以上，長男は10日ほどとみられるが，市は遺体発見の4日前に，連絡がとれない行方不明者として生活保護の廃止を決めていたという。（毎日新聞 2020）。

　「格差社会」という言葉が使われるようになって久しい。これまでも格差をめぐり，論争が起きている。例えば，2006（平成18）年度年次経済財政報告において，政府が「所得格差の長期的な上昇傾向については，人口構造の高齢化の進展により見かけ上所得格差が拡大している可能性もある」（内閣府 2006, p.262）という見解を発表した。この見解をめぐって，格差は拡大している，いや「見かけ」に過ぎない，といった議論が注目を集めたことは記憶に新しい。

　また，「勤勉は貧困を解決する」というアメリカの神話に疑問を呈し，市場至上主義の社会が見過ごしている「懸命に働きながらも貧困から抜け出すことができない」ワーキングプアを「見えるようにする」ことを目的としたデイヴィッド・K・シプラー（David K. Shipler）の『ワーキングプア―アメリカの下層社会』[1]や，近年ではトマ・ピケティ（Thomas Piketty）の『21世紀の資本論』[2]がベストセラーとなるなど，「不平等の拡大」そして「格差社会」の深刻な顕在化に対する認識が深まってきている。しかしながら，格差に対する認識は統計の見方，人々の主観的考え方次第で大きく振幅するものであり，格差拡大に関してその是非を論じることは非常に難しい。

　とはいえ，冒頭の例のような餓死・孤立死を解決すべき問題として捉えることには誰も異存はないであろう。すなわち，格差社会の中には貧困問題（究極的には餓死）が潜んでいることにも留意する必要があるのである。戦後に

おける先進諸国においては，貧困の「発見」「再発見」として貧困を社会的問題として認知されてきたが，特にわが国では，労働および生活の不安定化を背景として，改めて貧困問題がクローズアップされてきている。

そこで，本章では，格差社会に潜む貧困に焦点を当てる。具体的には多様化する貧困の概念を整理しつつ，現代社会における貧困の様相を概観し，その中にみられる特徴的な世帯の格差と貧困の現状そして，新型コロナウイルス感染症が及ぼす影響について考察することを目的とする。

 拡大化する貧困概念

わが国においては，ここ十数年にわたり非正規労働者を含めた不安定な就労が増加しているとともに，高齢化の進展および世帯構造・産業構造や就業形態の変化・多様化により家族や地域社会とのつながりが希薄化し，これらを背景に生活保護の受給者が増大してきた。近年は，生活保護の受給者数は低下傾向になるが，一旦生活保護を受給すると脱却が困難となり，貧困・格差が拡大・固定化している現状がみられる。

1．絶対的貧困と相対的貧困

貧困は国・地域，機関によってさまざまな定義があるが，大きく「絶対的貧困」（Absolute Poverty）と「相対的貧困」（Relative Poverty）という2つの概念がある。

(1) 絶対的貧困と世界銀行

絶対的貧困の概念を最初に打ち出したのはイギリスのシーボウム・ラウントリー（Rowntree, B.S.）とされ，著書『貧乏―地方都市生活の研究』の中で，貧困を「栄養をとれるだけの食事をまかなえない状態」と定義した。さらに貧困を「第1次貧困（primary poverty）：総収入が単に肉体（physical efficiency）を維持するためだけの最低限度にも満たない」と「第2次貧困

（secondary poverty）：総収入が飲酒，賭博，家計上の無知，計画性のない支出さえなければ肉体の維持が可能な食事をとることができる」の2つに分類している（Rowntree 1901, pp.95-96）。

　また，ウエッブ夫妻（Webb S. & B.）は，『窮乏の防止』において，「窮乏とは，生活必需品のあれこれが欠如することによって，健康や体力を損ない，気力さえも衰えて，ついに生命それ自身を失う危険にある状態をいう。それは単に肉体的状況にあるだけではない。近代都市社会での困窮は，まさに，食物・衣服・住居の欠如を意味するだけではなく，精神的荒廃を意味する」（Webb S. & B. 1911, p.1）とし，絶対的貧困がもたらす影響についても言及していた。

　現在，一般に知られている絶対的貧困の定義は世界銀行（World Bank）によるもので，2011年の購買力平価換算で1日当たりの生活費1.90ドル未満で生活している人を絶対的貧困層と定義した[3]。また，世界銀行は国際貧困ラインである1日1.90ドルに加えて，下位中所得国については3.20ドル，上位中所得国については5.50ドルを貧困ラインとするデータも公表している。同報告書はさらに，教育や基礎的インフラへのアクセスを含む多次元貧困指数も測定している。

　世界人口に占める貧困層の割合は，国際貧困ラインである1日1.90ドルの基準では10分の1を下回るが，3.20ドルの基準では4分の1近く，5.50ドルの基準では40％（約33億人）を超える。世界銀行は，2030年までに極度の貧困を世界全体で3％まで減らすとともに，すべての途上国で所得の下位40％の人々の所得拡大を促進する，という2つの目標を掲げてきたが，新型コロナ感染症の世界的流行により，2020年には新たに8800万人から1億1500万人が極度の貧困に陥ると予測されている。景気後退の深刻度次第では，その数は2021年には最大1億5000万人まで増加する可能性がある。世界銀行が隔年で発行する報告書「貧困と繁栄の共有」は，2020年の世界人口に占める極度の貧困層（1日1.90ドル未満で生活する人々）の割合を9.1〜9.4％と予測している[4]（世界銀行 2020）。

(2) 相対的貧困と貧困率

絶対的貧困は開発途上国における顕在化する貧困問題である一方で，先進諸国の貧困論議では度々相対的貧困という概念が使用されている。その際，貧困の度合いを測る指標として「相対的貧困率」が提示される。OECD（経済協力開発機構）が用いる相対的貧困率は「手取りの世帯所得（収入－税／社会保険料＋年金等の社会保障給付）」を世帯人数で調整し，中央値の50％以下を貧困として計算する。

厚生労働省の「令和元年国民生活基礎調査」によると，2018（平成30）年の貧困線（等価可処分所得の中央値の半分）は127万円となっており，「相対的貧困率」（貧困線に満たない世帯員の割合）は15.4％となっている。また，「子どもの貧困率」（17歳以下）は13.5％となっている[5]。

「子どもがいる現役世帯」（世帯主が18歳以上65歳未満で子どもがいる世帯）の世帯員についてみると，12.6％となっており，そのうち「大人が1人」の世帯員では48.1％，「大人が2人以上」の世帯員では10.7％となっている。（図表4-1）。

図表4-1　相対的貧困率の推移

（単位：％）

	1985年	1988年	1991年	1994年	1997年	2000年	2003年	2006年	2009年	2012年	2015年	2018年	2018年 (新基準)
相対的貧困率(%)	12	13.2	13.5	13.8	14.6	15.3	14.9	15.7	16.0	16.1	15.7	15.4	15.7
子どもの貧困率(%)	10.9	12.9	12.8	12.2	13.4	14.4	13.7	14.2	15.7	16.3	13.9	13.5	14.0
子どもがいる現役世帯(%)	10.3	11.9	11.6	11.3	12.2	13.0	12.5	12.2	14.6	15.1	12.9	12.6	13.1
大人が1人(%)	54.5	51.4	50.1	53.5	63.1	58.2	58.7	54.3	50.8	54.6	50.8	48.1	48.3
大人が2人以上(%)	9.6	11.1	10.7	10.2	10.8	11.5	10.5	10.2	12.7	12.4	10.7	10.7	11.2
中央値(a)(万円)	216	227	270	289	297	274	260	254	250	244	244	253	248
貧困線(a/2)(万円)	108	114	135	144	149	137	130	127	125	122	122	127	124

注1）1994年の数値は，兵庫県を除いたものである。
注2）2015年の数値は，熊本県を除いたものである。
注3）2018年の「新基準」は，2015年に改訂されたOECDの所得定義の新たな基準で，従来の可処分所得からさらに「自動車税・軽自動車税・自動車重量税」，「企業年金の掛金」および「仕送り額」を差し引いたものである。
注4）貧困率は，OECDの作成基準に基づいて算出している。
注5）大人とは18歳以上の者，子どもとは17歳以下の者をいい，現役世帯とは世帯主が18歳以上65歳未満の世帯をいう。
注6）等価可処分所得金額不詳の世帯員は除く。
出所：厚生労働省（2019）。

第Ⅰ部　日本の格差

　このように，ある国・地域の中で平均的な生活レベル（獲得収入）よりも
著しく低い層・個人を貧困と呼ぶのが「相対的貧困」であり，国・地域の生
活レベルとは無関係に人間が生きるのに必要な最低限の衣食住を満たす生活
水準以下の層・個人を貧困と呼ぶのが「絶対的貧困」の概念といえる。

2．剥奪と排除

(1)　相対的剥奪

　相対的剥奪（relative deprivation）を測るための最初の指標は，タウンゼ
ント（Townsend, P.）によって提示されている。タウンゼントによると，
相対的剥奪の概念は「貧困は，主観的なものとしてよりは，むしろ客観的な
ものとして理解されている。個人，家族，諸集団はその所属する社会で慣習
になっている，あるいは少なくとも広く奨励または是認されている種類の食
事をとったり，社会的諸活動に参加したり，あるいは生活諸条件や快適さを
もったりするために必要な生活資源を欠いているとき，全人口のうちでは貧
困の状態にあるとされる。貧困な人々の生活資源は，平均的な個人や家族が

図表4-2　タウンゼントの12の相対的剥奪指標

①　過去12か月の間に，家の外で1週間の休暇をとっていない。
②　（大人のみ）過去4週間の間に親戚や友人を家に招待し，食事・軽食をしていない。
③　（大人のみ）過去4週間の間に親戚や友人と外食に行っていない。
④　（15歳未満の子どものみ）過去4週間の間に友人と遊んだりお茶を飲んだりしていない。
⑤　（15歳未満の子どものみ）この前の誕生日パーティーを開かなかった。
⑥　過去2週間の間に，娯楽のために午後または夕方に外出しなかった。
⑦　1週間のうち4日以上新鮮な肉（外食を含む）を食べていない。
⑧　過去2週間の間に，調理されていない食事を1日以上とった。
⑨　1週間のうちほとんどの日に，調理された朝食をとっていない。
⑩　家には冷蔵庫を所有していない。
⑪　通常，日曜日の4回に3回は家族と一緒に過ごしていない。
⑫　家に4つの室内設備（水洗トイレ，洗面所，風呂，台所）がない。

出所：Townsend（1979）p.250より作成。

自由にできる生活資源に比べて、極めて劣っているために、通常社会の生活様式、諸慣習、諸活動から事実上締め出されているのである」（Townsend 1979, p.31）と定義づけている（**図表4-2**）。ちなみに、タウンゼントが当初用いた12の相対的剥奪指標は、1970年代のイギリス社会における平均的な生活様式を表していた。

　また、T・H・マーシャル（T.H. Marshall）は「『貧困』とは、所得に加えて、個人的障害（personal disabilities）、教育の欠如、物的社会的環境、住宅条件、家族関係、社会的孤立などを含む複合的概念である」（Marshall 1980, p.81）と述べている。つまり、マーシャルの貧困概念も相対的貧困、相対的剥奪として捉えることができる。

　このように「剥奪指標」は、基本的には低所得による生活財の不足から引き起こされる生活様式における社会内格差、そして社会的行動の制約の度合い、それら不平等にさらされている状態、程度として把握する指標であると考えられる。

(2)　社会的排除

　これまで述べてきた貧困概念（研究）は、所得や消費という財に焦点を当て、所有している財の多寡やその不平等（偏在）を基準として展開されてきた。したがって、これまでは財の所有そのものを基準として貧困を認識してきたといえる。しかし、日本国憲法第25条の例を出すまでもなく、われわれは「健康で文化的」な生活を営む権利を有することから、財の所有が目的ではない。人間は手段としての財を通じて健康を維持し、教育を受け、社会参加を果たしていくことから、社会参加の可能性こそが貧困を規定する重要な要素となる。このような視点の延長線上に「参加」に対する「排除」という考え方が登場する。

　アンソニー・ギデンズ（Anthony Giddens）は、社会的排除を「人々がもっと広い社会への十分な関与から遮断されている状態」（ギデンズ 2009, p.379）と定義づけ、「社会的排除の中に貧困が内包されているとはいえ、貧

困よりももっと広い概念である。社会的排除という概念は，個人や集団が，住民の大多数に拓かれている機会を個人なり集団が手にするのを妨げる，そうした幅広い要因に注目する」（ギデンズ 2009, p.379）とし，3つの観点からみることができるとする。1つ目は，「経済的排除」であり，これは，雇用と労働市場への参入，常勤の職場からの排除，また，消費の面では電話，銀行口座，住宅などからの排除である。2つ目は，「政治的排除」であり，具体的には，政治過程に関与するための必要な資源・情報・機会からの排除である。そして，3つ目は「社会的排除」であり，主として地域社会からの排除，具体的には公共施設，社会的ネットワーク等からの排除をあげている。

　わが国では，「社会的な援護を要する人々に対する社会福祉のあり方に関する検討会報告書」において，対象となる問題と構造の中で「社会的排除」が取り上げられ，排除への対応として「つながりの再構築」の必要性が提言されていた。さらに，「人々の『つながり』の構築を通じて偏見・差別を克服するなど人間の関係性を重視するところに，社会福祉の役割があるものと考える。なお，この場合における『つながり』は共生を示唆し，多様性を認め合うことを前提としていることに注意する必要がある」（厚生労働省 2000）とも述べていた。

⑶　ケイパビリティ（潜在能力）の欠如

　社会的排除の議論に大きな影響を及ぼした考えとして，アマルティア・セン（Amartya Sen）のケイパビリティ（capability）の欠如としての貧困概念がある。経済学的に「財」は，カネやモノのことを指すが，センの主張によると，財とは人が豊かになる手段であり，財の多い少ないだけで生活の豊かさは測れない。つまり，財を使って何をなし得るかが重要なのである。

　例えば，自転車という財を例にとるならば，自転車は，ある場所からある場所へと移動できるという点で「輸送性」という性質をもつことを意味する。したがって，従来の貧困の考え方では自転車を所有していなければ「輸送性」という効用を得ることができないため，自転車を所有していないことが貧困

につながると理解されてきた。しかしながら，センは自転車という財の所有よりも，自転車を使って何をなし得るかが重要であると説く（セン 2000a, pp.84-85）。つまり，ケイパビリティは，人が自分のしたいことができる能力を表現したものであり，センは貧困を所得だけに焦点を置いて分析することに批判的であり，基本的なケイパビリティが与えられていない状況として貧困をみようとしているのである。

さらにセンは，人が福祉の実現にとって障害を抱えている状態である貧困を，社会経済の仕組みに原因をもつ慢性的なものと，社会環境の急激な変化によって起こるものとに分けている。そして，貧困対策（例えば社会保障）は，生活水準の低下からの「保護的側面」と，人々の生活水準を持続的に引き上げ基礎的な能力の向上を達成する「促進的側面」を組み合わせることが

図表 4 − 3　貧困・格差の実態を総合的・継続的に把握するための指標

指標の性質	指標
「所得」からのアプローチ ・所得から導出された指導により，生活水準を念頭に置いて，貧困や格差の状況を客観的に把握できる。 ・国民生活基礎調査（3年に一度の大規模調査）等による。	①相対的貧困率（所得中央値の50%（貧困線）以下の者の割合） ②就業世帯の相対的貧困（就業世帯に属する者のうち，所得が貧困線以下の者の割合） ③時期を固定した相対的貧困率（過去の貧困線をもとに算出した相対的貧困率） ④貧困ギャップ（「貧困線以下の所得中央値」÷「貧困線」） ⑤所得分配率（「所得五分位階級の最上層の合計所得」÷「最下層の合計所得」） ⑥高齢者所得の相対的中央値（「65歳以上の所得中央値」÷「65歳未満の所得中央値」） ⑦年金受給額の所得代替率（年金受給額の現役世代の勤労収入に対する割合）
「就業」からのアプローチ ・就業を通じて生活が維持されることから，貧困・格差への就業の影響は大きい。 ・労働力調査（年次）等による。	⑧労働力率（15歳から64歳の就業者と求職者の割合） ⑨中高年の就業率（55歳から64歳の就業者の割合） ⑩若年人口に占める若年無業者の割合（15歳から34歳の就業も求職も家事も通学もしていない者の割合） ⑪就業者のいない世帯に属する者の割合（0歳から59歳の者で，就業者のいない世帯に属する者の割合） ⑫地域の就業率のばらつき（都道府県ごとの就業率の標準偏差）
「生活の質」からのアプローチ ・健康状態など多面的な生活の実態をより正確に把握することができる。 ・OECD Health Data（年次）等による。	⑬健康寿命（男女別） ⑭医療へのアクセス（受診時の待ち時間） ⑮1人当たり総医療支出

※「所得」は「等価可処分所得」（世帯の可処分所得（収入から税金や社会保険料を除いたもの）を世帯員1人当たりの所得で換算したもの）をいう。
出所：厚生労働省（2011）。

重要であると述べている（セン 2000b）。

このように貧困概念は拡大してきたが，概念が拡大すればするほど貧困を明確に定義することが困難となる。それは，貧困とは必然的かつ相対的であり，段階的でありかつ，複合的側面をもつからに他ならない。厚生労働省は，国際比較を可能にする観点からEUの「社会的包摂に関する指標」を参考にして，「所得からのアプローチ」「就業からのアプローチ」「生活の質からのアプローチ」から，貧困・格差の実態を総合的・継続的に把握するための指標を作成している（**図表4-3**）。

生活保護受給世帯からみる貧困世帯

日本国憲法は第25条1項において，すべての国民が「健康で文化的な最低限度の生活を営む権利を有する」と規定し，その「最低限度の生活」とは，人間の物理的生存に必要なギリギリの最低条件を意味するのではなく，あくまでも健康で文化的な水準であるという意味で，国民の生存権を実現することとその生存のために必要とされる生活の程度を示している。

現在，この「最低限度の生活」の水準，言い換えれば貧困水準を具体的に示すものが，わが国では生活保護制度における保護基準といえる。ここでは，生活保護を受給している世帯から貧困世帯の特徴をみてみよう。

1．世帯類型別からみた特徴

生活保護受給世帯（以下，被保護世帯という。）は，統計上「高齢者世帯」「傷病・障害者世帯」「母子世帯」「その他の世帯」に類型化される。ここでいう「高齢者世帯」とは，男女ともに65歳以上の者のみで構成されている世帯もしくは，これらに18歳未満の者が加わった世帯，「母子世帯」とは，現に配偶者がいない（死別，離別，生死不明および未婚等による。）65歳未満の女子と18歳未満のその子（養子を含む。）のみで構成されている世帯，「傷病・障害者世帯」は，世帯主が障害者加算を受けているか，障害，知的障害

格差と貧困　第**4**章

等の心身上の障害のため働けない者である世帯並びに世帯主が入院（介護老人保健施設入所を含む。）しているか，在宅患者加算を受けている世帯もしくは世帯主が傷病のため働けない者である世帯をそれぞれ意味している。そして，「その他の世帯」は上記類型のいずれにも該当しない世帯である。

　図表4‐4からも明らかなように，現在では被保護世帯5割を超える世帯が「高齢者世帯」で占められ，「傷病・障害者世帯」の3割弱をあわせると，8割強がこの2つの類型に集約されている。また，「母子世帯」を除いた「高齢者世帯」「傷病・障害者世帯」「その他の世帯」の多くは1人世帯であり，「母子世帯」は2人世帯と3人世帯で8割を超えている（図表4‐5）。さらに，全世帯の8割以上が非稼働世帯という実態も浮かび上がっている。

図表4‐4　世帯類型別被保護世帯構成比

年次	総数	高齢者世帯	母子世帯	傷病・障害者世帯	その他の世帯
	構成比（%）				
2000年度	100.0	46.0	7.8	40.3	5.9
2010年度	100.0	44.6	7.5	32.7	15.2
2020年度	100.0	56.0	4.4	25.4	14.2

出所：厚生労働省（2020）より作成。

図表4‐5　世帯類型・世帯人員別被保護世帯数の構成比（2020年度）

世帯	総数	1人世帯	2人世帯	3人世帯	4人世帯	5人世帯	6人以上
	構成比（%）						
総数	100.0	82.4	12.8	3.0	1.1	0.4	0.3
高齢者世帯	100.0	90.8	8.1	0.1	0.0	0.0	0.0
母子世帯	100.0	―	52.4	29.8	12.4	3.8	1.6
障害傷病者世帯	100.0	80.1	14.1	3.7	1.3	0.5	0.3
その他の世帯	100.0	67.7	20.9	6.8	2.4	1.1	1.0

出所：厚生労働省（2020）より作成。

2. 世帯保護率からみた特徴

このように、現在の被保護世帯の多くは「高齢者世帯」であり、その意味では「高齢者世帯」が貧困世帯の中核に位置するといえる。とはいえ、世帯保護率[6]でみると、「母子世帯」(119.9‰) が「高齢者世帯」(60.4‰) のそれよりもはるかに上回っており、その意味において、「母子世帯」の方が経済的な生活基盤の脆弱さが際立っていることがうかがえる（図表4-6）。また、母子世帯については「働いていた者との離別等」が大きな理由となっているが、近年は「貯金等の減少・喪失」の急増が目立っている。

図表4-6　世帯保護率

年次	総数	高齢者世帯	母子世帯	その他の世帯
	構成比（‰）			
2000年度	15.8	52.8	94.0	8.6
2010年度	28.0	59.5	144.6	17.3
2020年度	31.2	60.4	119.9	17.6

出所：厚生労働省（2020）より作成。

このように、生活保護受給世帯からみると、世帯数としては高齢者世帯が最も多く、経済的脆弱さとしては母子世帯の方が高いという特徴が理解された。そこで、以下では高齢者世帯と母子世帯にフォーカスし、それぞれの格差と貧困について考察する。

4 高齢者世帯と母子世帯における格差と貧困

1．高齢者世帯

(1) 65歳以上の世帯員がいる世帯

65歳以上の者のいる世帯は2580万9,000世帯（全世帯の49.7％）となってい

る。世帯構造をみると，「夫婦のみの世帯」（32.3％）が最も多く，次いで「単独世帯」（28.8％），「夫婦と未婚の子のみの世帯」（12.0％）となっている。

　1989（平成元）年からの年次推移をみると，「65歳以上の者のいる世帯数」が2.5倍，「単独世帯」が2倍強，「夫婦のみの世帯」が1.5倍強，「夫婦と未婚の子のみの世帯」2倍弱，「ひとり親と未婚の子のみの世帯」1.5倍強増加している半面，「三世代世帯」は4分の1に減少している（**図表4-7**）。つまり，高齢化の進展とともに，家族の規模が縮小していることがうかがえる。

図表4-7　家族形態別にみた65歳以上の者の構成割合の年次推移

年	世帯総数	65歳以上の者のいる世帯数	単独世帯		夫婦のみの世帯	夫婦と未婚の子のみの世帯	ひとり親と未婚の子のみの世帯	三世代世帯	その他の世帯
			男	女					
1989年	39,417	10,774	2.8	11.9	20.9	6.8	4.9	40.7	11.9
2001年	45,664	16,367	4.4	14.6	27.8	9.7	5.9	25.5	11.6
2013年	50,112	22,420	7.4	18.2	31.1	12.2	7.6	13.2	10.4
2019年	51,914	25,809	10.1	18.7	32.3	12.0	8.0	9.4	9.5

注）単位：「世帯総数」「65歳以上の者のいる世帯数」は千世帯，その他は％
出所：厚生労働省（2021a）他より作成。

　このような家族の規模の縮小や単独世帯の増加は，家族扶養・介護機能の低下と相まって，高齢者世帯を孤立させる可能性を高める。

(2)　収入と貯蓄

　内閣府「令和元年度 高齢者の経済生活に関する調査結果」によると，1か月当たりの収入（配偶者と同居している場合は，夫婦の収入の合計）の平均額は，「10万円～20万円未満」が30.9％で最も多く，次いで「20万円～30万円未満」（25.8％），「5万円～10万円未満」（14.0％），「30万円～40万円未満」（12.5％）と続いている（**図表4-8**）。

　その中で，単身世帯は「10万円～20万未満」が46.4％，次いで「5万円～10万円未満」（20.9％）となっている。

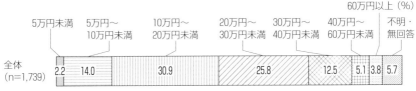

図表 4-8　1 か月の収入額（夫婦合計）

出所：内閣府（2019）。

　次に，貯蓄総額（配偶者と同居している場合は，夫婦の貯蓄額の合計）は，「100万円～500万円未満」が18.8％で最も多く，次いで「2000万円以上」が15.6％と続く（**図表 4-9**）。性・年齢別でみると，女性では「2000万円以上」は60代前半（16.8％）と60代後半（21.2％）で高く，「100万円未満（0円は除く）」と「貯蓄はない」は70代後半（ともに12.6％）と80歳以上（それぞれ15.7％，11.4％）で高いことがうかがえた。

図表 4-9　貯蓄総額

出所：内閣府（2019）。

　また，男性では，はっきりとした傾向はみられなかった。未既婚別では，「2000万円以上」が有配偶者（18.3％）で高く，「貯蓄はない」は，離別者（21.8％）と未婚者（21.5％）で高い傾向がみられた。

　このように老後のための十分な備えがある高齢者がいる一方で，ほとんど備えをもたない高齢者がいるなど，高齢者間での資産格差も生じている。一般的に現役時代に低所得であれば低貯蓄になり，高所得であれば高貯蓄になると考えられるため，現役時代の格差が高齢期の格差に連動するといえる。

格差と貧困　第**4**章

公的年金においても，厚生年金額は所得（報酬）に比例するため，所得が低い場合，低年金となることから，現役時代に低所得であった者が高齢期になったときに，貧困に陥るリスクが高まる。

⑶　老齢年金の受給額の推移

　日本の公的年金制度は，「国民皆年金」という特徴をもっており，20歳以上のすべての人が共通して加入する国民年金と，会社員や公務員が加入する厚生年金などによる，いわゆる「2階建て」と呼ばれる構造になっている。

　具体的には，自営業者など国民年金のみに加入している人（第1号被保険者）は，毎月定額の保険料を自分で納め，会社員や公務員で厚生年金に加入している人（第2号被保険者）は，毎月定率の保険料を雇用主と折半で負担し，保険料は毎月の給与から天引きされる。専業主婦・夫など第2号に扶養されている人（第3号被保険者）は，配偶者が加入する厚生年金制度の財源で保険料を負担しているため，個人としては保険料を負担する必要はなく，老後にはすべての人が老齢基礎年金を，厚生年金などに加入していた人は，それに加えて老齢厚生年金などを受け取ることができる仕組みとなっている。

　図表4-10は，国民年金および厚生年金の老齢年金の受給額の推移である。2020年時点の厚生年金の老齢年金の平均受給額は，65歳以上の男性が月額約17万円，65歳以上の女性が月額約10万9,000円であった。この金額も女性は

図表4-10　老齢年金受給権者状況の推移

	国民年金	厚生年金（第1号）	
	平均年金月額 （25年以上）	平均年金月額（65歳以上）	
		男子	女子
2016年	55,831	176,655	108,964
2018年	56,058	172,742	108,756
2020年	56,529	170,391	109,205

注）平均年金月額には，基礎年金月額を含む。なお，厚生年金保険（第1号）とは，共済年金との統合以前からの被保険者のこと。
出所：厚生労働省年金局（2021）より作成。

97

ほぼ横ばいであるが，男性は年々減少しており，2016年と比較して約6,000円減少している。

　また，国民年金における基礎年金は月額満額で6.5万円ほどであるが，2020年時点では平均年金月額は約5.6万円にとどまっている。無職，自営業，非正規雇用の場合は厚生年金保険に加入することができず，そのまま高齢者になると基礎年金のみの受給ということになる。そのほか，厚生年金に加入していたとしても，若いときに低賃金で働いていたり，働いていた期間が短過ぎたりして厚生年金の保険料支払いが短期間の場合は，厚生年金を受給できたとしても金額が低いものとなってしまい，貧困のリスクが高くなる。

(4)　高齢化と格差の関係

　ところで，所得格差拡大の要因の1つに高齢化があげられるが，高齢化による所得格差拡大は必ずしも先進国に共通した現象とはいえない。日本における高齢期の所得格差と貧困については，4つの特徴が指摘されている（山田 2012）。

　第一は，高齢化が進む他の国々では，高齢世代よりも就労世代の所得格差の方が大きく，必ずしも高齢化と所得格差拡大は結びついていないが，日本では就労世代よりも高齢世代に大きな所得格差がみられること。第二に，この現象は年金を受給しながら勤労所得を得ることが可能であることが背景にある。したがって，勤労所得の有無や多寡が高齢期の所得格差の要因となっている。第三に，このような年金と勤労所得を組み合わせる政策は，低所得層でも勤労所得に頼る所得構造を生み出し，貧困リスクを惹起する一因となっている。例えば，勤労所得を得ていた配偶者と死別した高齢寡婦に貧困リスクが集中することになる。

　第四は，このような問題に対して，高齢期における公的年金や生活保護のような所得保障政策は十分機能していないことである。つまり，公的年金の水準は低く，上述したように格差もある。また，貧困状態に陥っても生活保護を受給する人々は多くないなどの問題もある。

2．母子世帯

(1) 世帯類型と収入の格差

労働政策研究・研修機構「第5回（2018）子育て世帯全国調査」によると、子育て世帯の平均税込収入（調査前年分、就労収入・社会保障給付・贈与・財産収入などを含む資産以外の総収入）は、母子世帯が299.9万円、父子世帯が623.5万円、ふたり親世帯が734.7万円となっている（図表4-11）。

父子世帯とふたり親世帯は前回調査よりも上昇しているが、母子世帯は前回調査よりも17万円低下した。母子世帯の収入の低さや貧困の背景には失業問題ではなく、働いても貧困から抜け出すことができないワーキングプア[7]の問題があるとされる。

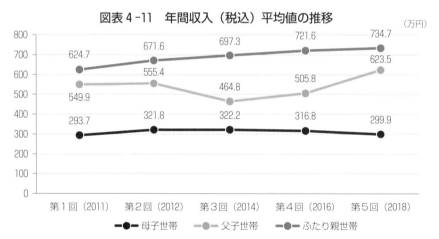

図表4-11　年間収入（税込）平均値の推移

出所：労働政策研究・研修機構（2019）。

(2) 貧困世帯と深度貧困世帯

一方で図表未掲載であるが、収入の中央値はふたり親世帯が665万円、母子世帯が250万円である。概ね平均値に近い値であることから、特に母子世帯の多くはこの平均値の前後で生活していることが理解される。

第Ⅰ部　日本の格差

　また，可処分所得が厚生労働省の公表した貧困線を下回っている世帯の割合は，母子世帯では51.4％，父子世帯では22.9％，ふたり親世帯では5.9％となっている（図表4-12）。その中でも可処分所得が貧困線の50％に満たない「ディープ・プア（Deep Poor，深度貧困）」世帯の割合は，母子世帯が13.3％，父子世帯が8.6％，ふたり親世帯が0.5％であった（図表4-13）。

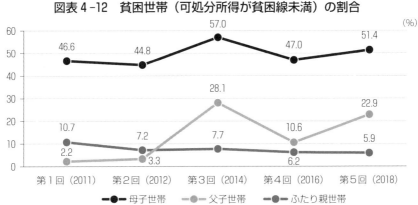

図表4-12　貧困世帯（可処分所得が貧困線未満）の割合

出所：労働政策研究・研修機構（2019）。

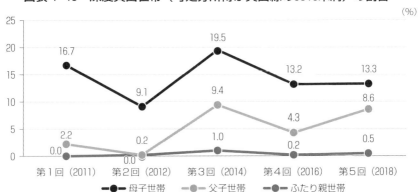

図表4-13　深度貧困世帯（可処分所得が貧困線の50％未満）の割合

出所：労働政策研究・研修機構（2019）。

このように，前掲した**図表 4 - 1**において「大人が 1 人」の世帯員の相対的貧困率の高さが示されていたが，その中でも特に母子世帯の貧困世帯および深度貧困世帯の高さが理解できる。

(3) 格差と貧困が及ぼす子どもへの影響

このような経済的困難さに置かれている世帯の子どもたちは，学力や健康などにさまざまな影響を受けることになる。

例えば，親の所得の低さが，子どもにおける教育面に影響していると指摘されている。国立大学法人お茶の水女子大学（2018）『保護者に対する調査の結果と学力等との関係の専門的な分析に関する調査研究』によると，親（世帯）の年収が上がるほど子どもの成績も上がる傾向にあり，小学 6 年生の正答率は，年収200万円未満の家庭の子どもは国語 A（知識を問う問題），算数 A（知識を問う問題）ともに，1500万円以上の家庭の子どもたちよりも15～18点の開き（格差）があった（**図表 4 -14**）。この点に関しては，中学 3 年生でも同様の傾向を示していた。

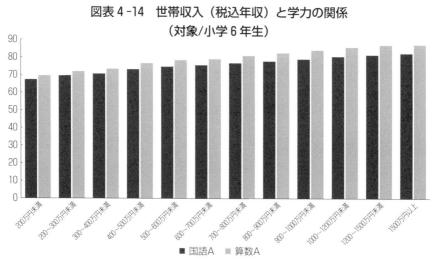

**図表 4 -14　世帯収入（税込年収）と学力の関係
（対象/小学 6 年生）**

出所：国立大学法人お茶の水女子大学（2018）より作成。

もちろん親の所得が低いからといって，必ずしも子どもの学力が低くなるとは限らないが，親の経済・社会的格差が子に影響する貧困の連鎖が指摘されている（国立大学法人お茶の水女子大学 2018）。

また，国立大学法人お茶の水女子大学（2014）の調査では，塾などの学校外教育支出をみると，年収200万円未満の家庭では支出なしが約３割を含め，約半数が月額5,000円未満であった。一方，1500万円以上の家庭では６割が３万円以上を支出しており，学校外教育支出の差が大きいことも示されていた。その結果として，保護世帯の高校進学率は93.7％と，一般世帯を含めた全国に比べ5.2ポイント低くなっているとともに，大学等への進学率も39.9％にとどまっている。これは全世帯の73.4％と比較すると約34ポイント下回っている。また，高校中退率は3.6％と全国の中退率1.1％に比べ高くなっており，進学率の向上のみならず進学後のフォローも重要である（**図表 4 -15，4 -16**）。

図表 4 -15　高校進学率等

(%)

形　態	生活保護世帯の子ども	全世帯
全体	93.7	98.9
中退率	3.6	1.1

出所：内閣府（2021）および文部科学書（2021）より作成。

図表 4 -16　大学等進学率

(%)

形　態	生活保護世帯の子ども	全世帯
生活保護世帯	39.9	73.4
児童養護施設	33.0	
ひとり親家庭	58.5	

出所：内閣府（2021）および文部科学書（2021）より作成。

貧困や生活困難を抱える子どもほど高校や大学等への進学率が低い傾向がみられるが，学歴が低いまま社会に出ると賃金水準の低い仕事に就くことが少なくない。このように経済格差によって十分な教育を受けることができない子どもたちは，大人になってからも貧困状態に陥ることは，「貧困の世代間連鎖（負の連鎖）」などと呼ばれ，子どもの貧困対策の大きな課題とされている。

格差と貧困によって，子どもたちが置かれる可能性がある環境を俯瞰すると，生活困窮や共働き，単身赴任などの家庭環境を基盤として，食事などの物質的なものだけではなく，保育不足（育児時間の不足），学習，社会的ネットワークおよび社会参加などの成長のさまざまな機会が剥奪（制限）されることにより，子どもたちへ各種の影響を及ぼすことが推察される。このような関係を，子どもの取り巻く環境と剥奪の関係としてまとめると，以下のようになる（**図表 4 -17**）。

図表 4 -17　格差と貧困が及ぼす子どもへの影響

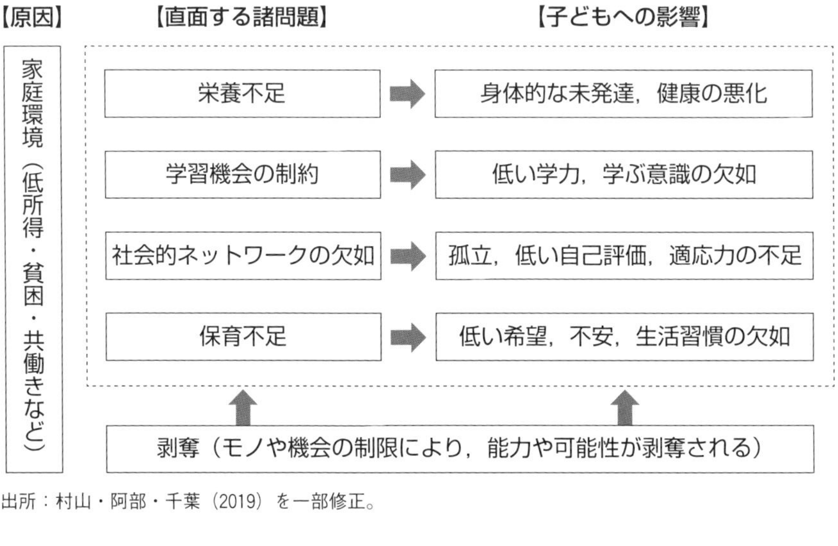

【原因】	【直面する諸問題】	【子どもへの影響】
家庭環境（低所得・貧困・共働きなど）	栄養不足 ➡	身体的な未発達，健康の悪化
	学習機会の制約 ➡	低い学力，学ぶ意識の欠如
	社会的ネットワークの欠如 ➡	孤立，低い自己評価，適応力の不足
	保育不足 ➡	低い希望，不安，生活習慣の欠如
	剥奪（モノや機会の制限により，能力や可能性が剥奪される）	

出所：村山・阿部・千葉（2019）を一部修正。

このように剥奪（制限）された状況で生きることは，物質的・経済的剥奪を意味するだけではなく，その障壁に阻まれることによって，多様な人間や機関，活動とのつながりから阻害される関係的・社会的剥奪をも意味する。物質的・経済的剥奪と関係的・社会的剥奪の相互連関は，本来子どもが形成しうるはずの基本的信頼や自尊感情あるいは学ぶ力を奪う実存的・自己形成的剥奪をもたらすことにもなる（子どもの貧困白書編集委員会編 2009）。

格差と貧困における福祉課題の複合的顕在化

これまでみてきたように，格差と貧困における生活問題の根底には，所得や資産が十分に得られていない経済的問題（生活資源の不足）があることに間違いはないが，それは経済や労働に関わる側面にとどまらず，複合的な福祉課題を惹起させることになる。

例えば，岩田は貧困が慢性化・固定化すると，貧困のコアにある「お金がない」ということだけではなく，その周辺に次のような4つの側面が付随していくと指摘している（岩田 2008, p.8）。つまり，①さまざまな理由により参加を遮断されてしまう，あるいは自ら参加を拒んでしまうという「社会関係からの排除」，②権利を行使したり，決定に参加したりできないというパワーもボイスもない状態に置かれる「パワーレス/ボイスレス」，③貧困自体を自分の失敗（自己責任），自分の恥であると考えたり，自己評価が低かったりする「恥・自己評価の低さ」，④社会の側が貧困者に対してもつある種の「非難・軽蔑」などである（**図表4-18**）。このような指摘は，お金がない状態に対しての経済的支援のみならず，そこから派生するさまざまな問題に対して多様な支援の必要性を示唆している。

近年，話題となっている知識の欠如や恥ずかしさ，また頼るべき親類をもたないなどさまざまな理由から，貧困を一人ないし一家族の内面に抱え込んでいる人々，いわゆる「サイレント・プア」の問題は，このような4つの側面が絡み合ったものとして理解できる。また，このような状態の長期化は，

図表 4 -18　貧困の複合的課題

出所：岩田（2009）p.17。

世代を超えて継承される可能性をもち，前述したような貧困の再生産（貧困連鎖）の危険性をもはらんでいる。したがって，経済的側面の支援のみならず，相談支援やつながりづくりなどの多様なサポートが重要といえる。

新型コロナウイルス感染症拡大による格差と貧困への影響

　ところで，2019年末からの新型コロナウイルス感染症（以下，感染症）の拡大は，私たちの生活に大きな影響を及ぼしている。2020年1月から5月にかけての世帯月収の変化をみると，世帯年収が低い層ほど月収の減少の割合が大きくなっている（図表4 -19）。

　また，非正規雇用比率が高い65歳以上層においては，雇用条件の悪化や感染リスクの回避などの理由で，感染症拡大後の非労働力化（感染症拡大前が有業，後は無職・就職活動なし）比率が高まるとともに，収入が3割以上減少したシニア層の男性は，赤字家計となる割合が高まり，公的年金が高齢期支出の半分もまかなえないと悲観的にみている者も4人に1人の割合に上っているという調査分析結果もみられる（周 2021, p.13-22）

　次に，感染症によって就労収入が減少した割合を，ひとり親世帯とひとり親以外（既婚・子あり）とで比較すると，ひとり親世帯の方が1.4倍程度高

図表4-19　2020年1月から5月にかけての世帯月収の変化

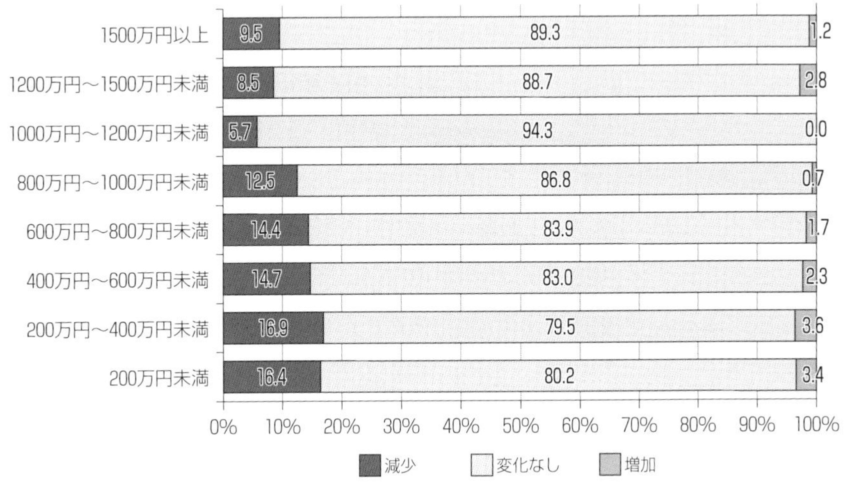

1500万円以上
9.5
89.3
1.2
1200万円～1500万円未満
8.5
88.7
2.8
1000万円～1200万円未満
5.7
94.3
0.0
800万円～1000万円未満
12.5
86.8
0.7
600万円～800万円未満
14.4
83.9
1.7
400万円～600万円未満
14.7
83.0
2.3
200万円～400万円未満
16.9
79.5
3.6
200万円未満
16.4
80.2
3.4
0%
10%
20%
30%
40%
50%
60%
70%
80%
90%
100%
減少
変化なし
増加

出所：小林他（2020）。

くなっている。そのうち，就労収入が減少したまま戻っていない世帯をみても，ひとり親世帯の方がその比率は高くなっている（**図表4-20**）。

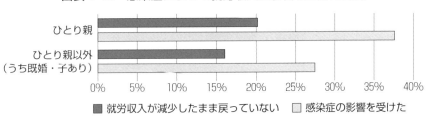

図表4-20　感染症によって就労収入に影響を受けた割合

ひとり親
ひとり親以外
（うち既婚・子あり）
0%
5%
10%
15%
20%
25%
30%
35%
40%
就労収入が減少したまま戻っていない
感染症の影響を受けた

出所：労働政策研究・研修機構（2020）作成。

さらに，生活困窮者向けの相談窓口への相談件数をみてみると，新規の相談受付件数は，2020年4月～9月分までの実績であるにもかかわらず，2019年度分の実績に比べ，1.9倍になっていた（全国社会福祉協議会地域福祉部

2020, p.2)。また，生活保護の新規申請数を，前年同月比でみてみると，4月は2割強と大きく増加した後，5月〜8月は減少が続いていたが，9月〜12月は増加した（厚生労働省 2021b, p.12)。このように感染症の拡大は格差を広げ，所得の低い層やひとり親世帯の貧困リスクを高めるとともに，生活困窮者の相談や生活保護申請増加の一要因と考えることができる。

おわりに――セーフティネットの再構築

　感染症の拡大を背景として，格差と貧困の問題が改めてクローズアップされてきている。近年，格差や貧困対策として，資力調査がなく，個人単位の究極的な普遍主義システムとして「ベーシックインカム」[8]の導入の可能性も説かれているが，平等に現金給付がなされたとしても，貧困問題の根本的な解決にはならない。確かに，経済的支援は貧困対策の重要な柱ではあるが，それだけでは問題解決には至らず，貧困概念の拡大でも明らかなように，多職種・多機関が連携し情報共有しながら，社会的に孤立・孤独化した人々への見守り介入を行うことも求められている。

　また，問題を抱えている人々が相談できたり，交流できたりする場（居場所）づくりも重要である。さらに，行政サイドからすると，申請主義が原則とはいえ，窓口で待つ消極的な関わりではなく，地域社会に積極的に出向くアウトリーチの取り組みが一層必要となろう（阿部 2021, pp.64-76)。

　格差や貧困問題は決して他人事ではない。自らの問題として格差の中に潜む貧困に興味関心をもつことが，長期的にみた問題解決（軽減）の第一歩になるのかもしれない。

注

1) Shipler, David K. (2005) *The working poor: invisible in America*. 訳書としては，シプラー，デイヴィッド・K.（森岡孝二・川人博・肥田美佐子訳）(2007)『ワーキングプア――アメリカの下層社会』岩波書店．
2) Piketty, Thomas (2014) *Capital in the Twenty-First Century*, Translated by

Arthur Goldhammer, The Belknap Press of Harvard University Press. 訳書として
は，トマ・ピケティ（山形浩生・守岡桜・森本正史訳）（2014）『21世紀の資本』み
すず書房。

3）世界銀行（World Bank）は，2015年10月に国際貧困ラインを，これまでの1日
1.25ドルから1.90ドルに改定した。この改定は，物価の変動を反映させることでよ
り正確に貧困層の数を把握する目的で行われ，2011年に世界各国から新たに集めら
れた物価データに基づいて設定されたものである。

4）これは2017年の水準（9.2％）に逆戻りすることを意味する。新型コロナ感染症
の世界的流行が発生していなければ，2020年の貧困率は7.9％に低下すると予測さ
れていた。

5）相対的貧困率の新基準：なお，OECDの所得定義の新基準（可処分所得の算出に
用いる拠出金の中に，新たに自動車税等および企業年金を追加）に基づき算出した
「相対的貧困率」は15.7％，「子どもの貧困率」は14.0％，「子どもがいる現役世帯」
の世帯員は13.1％，そのうち「大人が1人」の世帯員は48.3％，「大人が2人以上」
の世帯員は11.2％となっている。

6）世帯保護率とは，例えば，高齢者世帯1,000世帯中生活保護を受給している世帯
数の割合のことである。単位はパーミル（‰）。

7）「ワーキングプア」とは，一般的には正社員やフルタイムで働いているにもかか
わらず，生活保護の水準以下しか収入が得られない就労者の社会層のことをいう。

8）ベーシック・インカム（Basic income）とは国民の基本的権利として，市民権を
もつ個人に対して無条件で与えられる基本所得のこと。対象を特定しない「社会手
当」である。個人を単位として現金で定期的に支給されるのが特徴。近年，マニフ
ェストに掲げる政党も現れるなど，議論が盛んになっているが，今のところ全面的
に採用している国はない。

参考文献

阿部裕二（2021）「貧困家庭への支援」渡部純夫・本郷一夫編『福祉心理学（公認心
理師スタンダードテキストシリーズ17）』ミネルヴァ書房。

岩田正美（2008）「現代の貧困について」『生活と福祉』No.627，全国社会福祉協議会。

岩田正美（2009）「現代の貧困と社会福祉の役割」『脱・格差社会をめざす福祉』明石
書店。

ギデンズ，アンソニー（松尾他訳）（2009）『社会学（第5版）』而立書房。

厚生労働省（2000）「社会的な援護を要する人々に対する社会福祉のあり方に関する
検討会報告書」12月8日。

厚生労働省（2011）「第2回社会保障審議会生活保護基準部会資料」5月24日。

厚生労働省（2019）「令和元年国民生活基礎調査」。

厚生労働省（2020）「令和 2 年度被保護者調査」。

厚生労働省（2021a）「国民生活基礎調査（令和元年）の結果から　グラフで見る世帯の状況」

厚生労働省（2021b）「社会・援護局関係主幹課長会議資料 資料 2 保護課」。

厚生労働省年金局（2021）「令和 2 年度　厚生年金保険・国民年金事業の概況」。

国立大学法人お茶の水女子大学（2014）「平成25年度 全国学力・学習状況調査（きめ細かい調査）の結果を利用した学力に影響を与える要因分析に関する調査研究」。

国立大学法人お茶の水女子大学（2018）「保護者に対する調査の結果と学力等との関係の専門的な分析に関する調査報告」。

子どもの貧困白書編集委員会編（2009）『子どもの貧困白書』明石書店。

小林他（2020）「新型コロナウイルス感染症によって拡大する教育格差―独自アンケートを用いた雇用・所得と臨時休校の影響分析」『MURC 政策研究レポート』。

周燕飛（2021）「コロナ禍の影響―シニア層の男性の老後貯蓄と引退時期をめぐる変化」『季刊 個人金融』2021年夏号。

世界銀行（2018）「世界の貧困に関するデータ」 1 月15日（http://www.worldbank.org/ja/news/feature/2014/01/08/open-data-poverty）。

世界銀行（2020）「新型コロナウイルス感染症により2021年までに極度の貧困層が最大 1 億5000万人増加」（https://www.worldbank.org/ja/news/press-release/2020/10/07/covid-19-to-add-as-many-as-150-million-extreme-poor-by-2021）。

セン，アマルティア（石塚雅彦訳）（2000a）『自由と経済開発』日本経済新聞社。

セン，アマルティア（池本幸夫・野上裕生・佐藤仁訳）（2000b）『不平等の再検討―潜在能力と自由』岩波書店。

全国社会福祉協議会地域福祉部（2020）「社協が実施する自立相談支援機関の状況に関する緊急調査結果報告書」11月25日。

内閣府（2006）「平成18年度年次経済財政報告―成長条件が復元し，新たな成長を目指す日本経済」 7 月18日。

内閣府（2019）「令和元年度　高齢者の経済生活に関する調査結果」。

内閣府（2021）「令和 3 年度子供の貧困の状況及び子供の貧困対策の実施状況」。

毎日新聞（2020）「困窮の末57歳母と24歳長男死亡―ガス・水道止まり食料もなく」 2 月28日。

村山くみ・阿部裕二・千葉伸彦（2019）「子ども食堂の機能に関する一考察―『生きる力』との関わりから」日本社会福祉学会東北部会編『東北の社会福祉研究』第14号。

文部科学書（2021）「学校基本調査」。

労働政策研究・研修機構（2019）「第 5 回（2018）子育て世帯全国調査」。

労働政策研究・研修機構（2020）「新型コロナウイルス感染症のひとり親家庭への影響に関する緊急調査」結果。

山田篤裕（2012）「高齢期における所得格差と貧困—脆弱なセーフティネットと勤労所得への依存」橘木俊詔編著『格差社会』ミネルヴァ書房。

Marshall, T.H.（1980）*The Right to Welfare and Other Essays*, Heinemann Educational Books Ltd.（岡田藤太郎訳（1989）『福祉国家・福祉社会の基礎理論』相川書房）

Rowntree, B.S.（1901）*Poverty: A Study of Town Life.*（長沼弘毅訳（1943）『最低生活研究』高山書院）

Townsend, P.（1979）*Poverty in the United Kingdom: A Survey of Household Resources and Standards of Living*, California University.

Webb, S. and B. Webb（1911）*The Prevention of Destitution*, Longmans, Green and co.

第II部

世界の格差

第 **5** 章

中国社会における
所得格差に起因した
貧富の格差問題

第Ⅱ部　世界の格差

1 はじめに

本章では、中国社会の格差の全体像を理解するべく、中国の社会格差を形成している「地域」、「経済成長」、「国際化」、「都市化」の4つの要因を考察する。その上で、「自然環境」と「政策」の両面がどのように関与しているのか分析することによって、中国の格差社会について理解を深めることができることを示したい。最後に、同じアジアの大国インドとの比較も試みる。

2 中国地域格差地図の形成

1.「γ（型）構造」

中国の人口地理的不均衡をより正確に表すため、筆者は、2007年に「γ（型）構造」を提起した（王 2007, p.2）。中国の山河の地形や気候などの特徴から、チベット高原の北側辺縁（祁連山脈の北山麓）と東側辺縁（横断山脈の東山麓）、そしてさらに黄土高原東側辺縁の（華北中部を南北に貫く）太行山脈と燕山から北方の（東北三省の中部を南北に貫く）大興安嶺に連接している地域は、ギリシャ文字でいう「γ」型構造を形成している（**図表5-1**）。

このγ型構造は、中国の地埋を(1)γの左側の「西部」、(2)γの上方の「北部」及び(3)γの右側の「東部」の3つの部分に分けている。それぞれ中国の国土面積の約45％、30％と25％を占めている。しかし、3つの部分における人口密度は大きく異なる。中国の人口の9割以上はγ構造の東部に集中し、西部の主要部分である青海とチベットの人口は合わせても800万しかなく、総人口の0.63％を占めるに過ぎない。

中国の歴史と文化はγ構造の影響を強く受けており、それは地域格差の形成においても同じである。

114

中国社会における所得格差に起因した貧富の格差問題 第5章

図表5-1 「γ構造」図

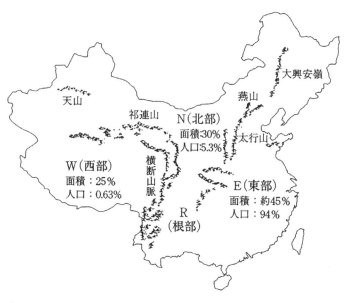

出所：筆者作成。

　「γ構造」の東部は，東アジアの中心に位置する。国土面積の約4割強を占め，地理的には北部との間は，万里の長城および600ミリ降水量ラインとほぼ一致する。この東部地域は，海抜が低く平坦で，山や川などの地理的な障害が少なく，交通が発達しており，人口の往来に有利であった。四川盆地はその歴史・文化・経済的な要因から，古くから東部の一部分となっている。
　「γ構造」の北部地域は，人口・民族の流動が比較的に激しい地域であり，新たな民族の誕生と消失または再構築が繰り返された。「γ構造」の北部地域は，人口は比較的に少ないが，気候がよい。人口が増加すると，この地域の民族は突然勃興し，東部に対して多大な脅威をなし，場合によっては中原（黄河中下流域の平原地帯で，古来政治の中心地）に侵入し，東部を一挙に征服して支配者になるのである。
　「γ構造」の西部地域は「世界の屋根」と呼ばれる青海・チベット高原で

115

第**Ⅱ**部　世界の格差

ある。物産が豊かではなく，人口も希薄で，1年の半分が冬である。地域の主要民族であるチベット族は少数民族の中で血縁と言語が漢族と比較的に近い民族であるが，3つの地域の中では中原に対する関わりの度合いが最も低い民族である。宗教的な部分は比較的発達しており，歴史上，中原と文化上の交流も，大半が宗教と関連するものである。青海・チベット高原は現在でも土地が広大で人口が希薄である。総人口は1000万人程度である。

2．「γ構造」と地域格差

　中国の地域格差を形成する要因はさまざまであるが，γ構造はその根本的な原因の1つであり，長期にわたって中国の地域格差の形成に大きな影響を与えた。

　地理的な境界となるだけでなく，γ構造は地域格差的な境界にもなった。東部地域は古くから西洋の中国研究者（いわゆる「中国通」）たちから「内中国」と呼ばれた。「内中国」に対して，γ構造の北部地域および西部地域は「外中国」と呼ばれた。歴代の統一王朝はその支配の範囲を単純な面積でみる場合はかなり大きな差があるが，「内中国」を統一したため，すなわち人口の9割以上を占める東部地域を治めたことで，統一王朝と呼ばれるようになったのである。

　このため，地域格差の観点からみれば，中国には2つの「西部」が存在する。1つはγ構造における「西部」（主にチベット高原），もう1つは「内中国」における「西部」である。大抵の場合は，中国人がいう「西部」は，9割以上の人口が集中している東部の中の「西部」であり，いわゆる「内中国」の中の「西部」である。例えば陝西，四川，雲南，貴州等の省である。西部は，今は遅れていると思われるが，歴史上においては先進・中心的地域である時代もあった。古代，陝西省にある西安およびその近郊一帯は「長安」,「咸陽」,「鎬京」,「大興」などの名で中国の首都として，四川盆地も三国の蜀として繁栄した。「三星堆」（成都の北郊外）の発掘調査はこの地域の文化・経済発展のレベルが黄河中下流地域に遜色のないものであったことを明らかに

116

している。

3.「γ構造」と民族格差

多民族国家である中国の地域格差は，民族格差と重なるところが多い。

民族とは，文字，言語，文化，生産様式と生活様式などに基づく共同体である。民族の融合と分化は，どの地域にもみられる現象である。分化のテンポが融合の速度を超えると，新たな分化が生じ，新しい民族が誕生する。融合のスピードが分化の速度を超えると，民族は統合，融合に向かう。γ構造の東部地域は融合のテンポが比較的速く，地域の一体化の程度も高い。特に，共通の文字と言語，生産と生活様式は中核的な役割を果たし，長い時間をかけて1つの民族を形成した。一方，γ構造の他の地域の状況はこの東部地域とは対照的であるといえる。ある1つの地域は，分化と融合の均衡状態を保ち，民族構成が安定するときもあれば，分化の速度が速まり，新たな民族が生まれるときもある。漢族地域の内部，山部地域もこのような現象が存在するが，この地域ほど顕著ではない。

4．中国の民族問題の困難さ

(1)国土は広いが人口も多いため，1人当たりのリソースが少ないことから，あらゆる面に配慮することは困難である。民族間はさまざまな利益において競合的な関係に陥ることがある。国家全体の発展水準が低く，優遇政策の施策も制限を受けざるを得ない。

(2)民族の居住の集中度が高いことも不利な要因である。民族間のコミュニケーションを困難にする。中国の各民族は大半が集中居住の形式をとっている（「小聚居」）。ただし，これら集中居住地の間に他の民族の集中居住点がある。したがって，さらに大きな範囲でみれば，各民族は雑居（「大雑居」）しているということがいえる。同様に，漢族地域にも多くの少数民族が雑居している。この20年ほど，雑居，分散居住している少数民族人口が急速に増加し，このような県や市がますます増えている。

第**Ⅱ**部　世界の格差

(3)「小聚居」は相対的な言い方である。いくつかの少数民族の集中居住の度合いは高い。例えば，チベット自治区ではチベット族の人口は9割以上を占め，自治区内は基本的に単一民族である。ただし，青海・チベット高原は極端に面積が広く人口が少ないため，狭義上の「聚居」の程度は高くない。天山南部のウイグル族の集中居住の度合いも高い。そして新疆ウイグル自治区の漢民族の人口も4割強を占め，内モンゴル自治区，広西壮族自治区，寧夏回族自治区の漢民族の人口は少数民族の総人口よりも多いのである。

(4)一部の少数民族地域の人口は過疎の現象が深刻である。日本にもいわゆる過疎地域があるが，その度合いは中国のそれとは比べ物にならない。例えば，チベット高原の平均海抜は4,500メートルであり，面積が広く人口が少なく，わずかな谷間や平地に辛うじて居住，生活している。広大な土地にわずかな人口しか居住していないため，教育環境を発展させることも大変困難である。一般的に村落は小さく，村落間の距離も大変遠いため，小学校を設けるのも困難である。村落にもともと子どもが少ないため，小学校も作れず，小学生がいなかったら，中学生もいるはずもなく，その上の高校や大学も作れるはずもなかった。

(5)宗教問題も手を焼いている。中国の伝統文化は世俗を重視し，宗教的な色彩は薄い。ただし，中国は歴史上，仏教，イスラム教とキリスト教を含む世界の主要な宗教を受け入れてきた。一方，中国は数千年にわたる専制主義的な伝統をもち，宗教の過激な部分に対する警戒感も強い。中国の一部の少数民族は，その民族のほとんどがある宗教を信じる。ウイグル族のイスラム教は，長期にわたる発展を経て比較的穏健になったが，ウイグル地域は過激な宗教勢力が浸透する中央アジアと地理的に隣接するため，その影響を受け，近年過激になる勢力も生まれている。イスラム過激派勢力は中央アジア諸国政府の頭痛の種となっているが，中国への影響も次第に顕著になってきている。

(6)現代中国社会の流動性が大幅に加速し，社会的圧力が増大し，さまざまな格差が拡大し，種々の社会矛盾と利益衝突が生じてきた。このような時期

は，民族問題を誘発しやすい時期でもある。

(7) 最後は，発展方向の問題である。近代化に対する各民族の見方に異なるところがある。特に，環境問題を伴う開発，文化遺産の保存，長期的利益と短期的利益との調整などの問題に関しては，模索しながら協議を通して解決するしかない。

5. 民族問題の改善

文化大革命の間に，少数民族の婚姻習慣を尊重しないことがあった。例えば，一夫一婦制ではない民族地域で一夫一婦制を遂行することもあったが，現在は基本的にその慣習に任せるやり方をとっている。中国は，マスメディアの中で少数民族の習慣を侵害するような出来事を特に注視している。台湾や香港では今でも使用されている差別的な用語は，中国大陸では早い時期から禁止されている。ただし，近年インターネットの普及に伴い，一部の差別用語が復活の兆しを見せている。

教育における民族格差を改善するため，中国政府は「少数民族優遇政策」を実施している。1つは民族学校の整備である。早くは1952年の「院系調整」において民族大学の設立に動いていた。例えば，現在北京にある名門中央民族大学は当時，最高峰の清華大学社会学学部をもとに設立した。もう1つは，大学への入学者選抜において，少数民族受験者の合格ラインを下げるなどの優遇措置を講じている点である。

❸ 現代中国の経済成長と所得格差の拡大

現代中国の地域格差形成のもう1つ重要な原因は，中国経済成長のための地域開発戦略である。すなわち，中国の格差拡大は一種の国家主導の格差拡大といえる。本節では国家による地域開発戦略から現代中国の格差の形成過程を検討する。建国当初，1950-1970年代は，格差は小さかった。1978年の改革開放が始まると次第に格差は拡大し始めるが，1990年代の前半まではま

第**Ⅱ**部　世界の格差

だ小さかったといえる。格差が問題になったのは1990年代後半からであり，特に2001年のWTO加盟後，急拡大し深刻化した。以下では，⑴建国・文化大革命期（1950-1970年代），⑵改革開放期（1980-1990年代），⑶大国台頭期（2000-2020年代）の３つの時期に分けて，「五カ年計画」などが代表する主要な経済政策を中心に述べる。

1．建国・文化大革命期（1950-1970年代）

⑴五カ年計画

　1949年に中華人民共和国（新中国）が社会主義国として成立した。当時のモデルはソ連であり，五年ごとに「五カ年計画」を策定し，計画に基づいて工業化を図った。この時期は，内陸の発展を優先させており，国全体の格差は比較的小さかった。

　第一次五カ年計画は大陸の国民党残軍を粛正した後，1953～1957年の間に実施された。計画的な国家の統制のもとで工業・農業における生産力の向上を目指し，ソ連の技術と資金の全面的な援助で実施された。第１次五カ年計画は，1957年までにほぼ目標を達成した。しかし，その後は「大躍進」（鉄鋼品，農作物の増産政策）の失敗により，1958～1962年の第二次五カ年計画は有名無実化し，第三次五カ年計画の開始は３年遅れの1966年になった。

　当初はソ連から援助を受けながら「経済建設」が始まったが，やがてソ連との関係が悪化し，中ソ援助協定は破棄され，第三次五カ年計画は停滞した。1960年代に入って，中国は北方にソ連（中ソ国境で小規模な紛争も起こり始めていた），東方に中華民国（内戦で敗戦し，1949年に大陸から台湾に逃れた国民党政権。反共の旗印を掲げ，軍事衝突の危険性が常につきまとう），そして，南方にアメリカ（1964年のトンキン湾事件で内戦に介入したことでベトナム戦争が勃発）の三方面に包囲された厳しい国際状況に置かれていた。これによって中国は，急速な軍備拡張に迫られていく。

　その後も「五カ年計画」は形式的には継続されていくが，1966年に始まった文化大革命をきっかけにした政治的な混乱が1970年代後半まで続いたため，

120

中国社会における所得格差に起因した貧富の格差問題 第❺章

実質的に意味をもつようになったのは1981年からの第六次以降とされる[1]。

(2) 三線建設

中国は1960年代に直面した困難な状況を，「三線建設」と「文化大革命」で打開しようとした。中でも「三線建設」が改革開放以前の地域格差と密接な関係がある。

三線建設の「三線」とは，東から西，中心地域の沿海部を「一線（地域）」，内陸部を「三線（地域）」，その間を「二線（地域）」，という3段階で中国の地域経済を大別する見方である。戦争の危険性が高い沿海部，東北部を一線とし，戦争の危険性の低い内陸部を三線，その中間を二線とし，国防上の理由から三線地域に軍事・重工業を移転する政策である。ソ連が中国の北方面に位置するため，東北・西北も避けなければいけないことから，三線建設の立地には主に四川盆地が選ばれた。

三線建設は重工業を中心とする産業体系を樹立する戦略である。全面的核戦争に突入することも想定した上で，万が一沿海部が壊滅状態に陥っても，抗戦できるように内陸に軍需工場を建設した。産業でいうと，兵器産業とそれを支える重工業で，石炭，電力などのエネルギー産業，鉄鋼・非鉄金属などの素材産業，素材を加工した特殊鋼，工業用設備などの機械産業，化学産業である。

19世紀以降，中国の近現代史は革命と戦争の連続であった。1930年代にいわゆる中国資本主義経済発展の「黄金の十年」という一時的な現象が出現したが，度重なる軍閥内戦，国共内戦および日本との全面戦争で沿海部の荒廃と内陸部の貧困が深刻になり，東西の地域格差が次第に拡大した。

三線建設時代（1964年～1970年代），中国の3分の2の大中型建設プロジェクトが内陸部に配置されることとなった。しかし，直接な目標ではないが，地域格差を是正する目標設定もあった。国家は重点的に内陸部に資源を配分することによって，沿海部とバランスのとれた地域発展を目指したのである。

結果，この時期に施行された発展戦略は強制的に地域間の格差をなくすも

121

のでもあった。沿海地域の工業の集中という不均衡な状態を是正し，内陸部の工業化の基礎になったが，国全体の貧困化を避けることはできなかった。

(3)「下放」

大学生・高校生など都市部の知識青年を農村地域へと送り出す「下放」は，1950年代にはすでに始まっていた。特に文革期の1968年から78年までの間に全国で1623万の青年が農村に送られた。文革後，大多数は「返城」できた。都市と農村地域の教育格差の改善や中国のエリート教育の体質の改善には意味があった。また，都市と農村地域の関係をより密接にすることにおいても，ある程度の促進効果（例えば，人口流動）があったかもしれない。しかし，都市部の大学生・高校生の教育プロセスが強制的中止され，彼らの人権の侵害や，教育資源の分散などが中国の中・高等教育の質を大きく引き下げるなど極めて重大な結果を招いた。

2．改革開放期（1980-1990年代）

(1)沿岸地域開発政策

1978年以降の改革開放路線は，(1)これまでの計画経済の体制を改革し市場メカニズムを導入する，(2)一部地域を外国に開放する，という2つの転換を図るものであった。両者はともに現在の地域格差につながるものであり，市場メカニズムを導入することで，特に都市部の収入格差は拡大していった。中国の地域経済は，開放政策の展開が地域ごとに違ったため，発展の内容も地域ごとに異なる。

まず，政策の重点が東部開発に移った。東部の郷鎮企業が勃興し，紡績，食品加工等の消費財産業に参入した。労働集約型産業が沿海地域を中心に発展し，沿海地域の既存産業の技術水準が向上した。一方で，必要とするエネルギーや原料が多く，輸送費用の大きい製品については，エネルギーや資源が豊富な内陸地域に移転していった。

西部対象地域では，農業と資源産業および交通通信のインフラ整備が中心である。財政移転支給制度を実施し，徐々に中西部地域の発展を支援する形をとった。

結果，国民経済体系の形成期，現在の基礎を構築したという大きな進歩がみられたが，計画統制で建国当時の国民との約束が果たせず，社会主義は悪平等と見なされ，社会動乱の要因になった。

(2)西部大開発・東北振興

1990年代後半から，格差拡大を懸念して中国政府は地域均衡の方向性を探るようになり，1999年に「西部大開発」が提唱された。胡錦濤体制の確立以降，2003年には「東北振興」がうたわれるようになった。

初期の「西部大開発」はインフラ整備や中西部の資源・エネルギー開発が中心で，格差の縮小に貢献するのは2000年代以降になる。「東北振興」は今日まで，期待されるような成果を上げることができていない。

この中，中部の小規模町「鎮」の停滞が代表する中西部の停滞と貧困化が進み，教育・宗教の異常肥大化，養老保険の未整備，住民の不在，それまでの基本機能のいくつかが失われるような危機に瀕した。

3．大国台頭期（2000-2020年代）

第十一次五カ年規画ではそれまでの「計画」が「規画」へと名称変更された。長い間施行されてきた五カ年計画における「計画」は行政指令・数値目標などの特徴をもつ。「計画」は国家が強制的に経済全体を管理する経済制度を指すものと認識されるようになったため，「計画」を「規画」に名称変更することで，市場経済の自律性，そして（指令性ではなく）方向性を強調し，柔軟なイメージをもたせようとした。

具体的な施策としては，以下の通りである。(1)戸籍制度の改革を進め，2015年末に一部の大型都市を除き，戸籍制度による移住の制限を緩和し，現住所に基づく戸籍登録制度を試行する。(2)農村部から都市部への移住を加速し，常住人口ベースの都市化率を2025年に65％に引き上げる。(3)中央から地方への財政移転と都市部新規建設用地の規模を農村からの移住人口の規模にリンクさせる制度を整備し，転入者を対象とする基本的公共サービス保障を

強化する。⑷都市部に移住した元農民の農地の請負権，住宅用地の使用権，集団利益の分配権を保障し，これらの権利を市場を通じて有償で譲渡する関連制度を整備する（関 2022）。⑸農村人口の住宅改修を支援し近代的なものにする。

4．ジニ係数の変化

1990年代までは中国の格差が非常に小さかったため，格差縮小のための政策も存在しなかった。

1950年から1994年にかけて，中国の都市世帯の1人当たり所得のジニ係数が最も低かった時期は，「文化大革命」の10年間であった。改革開放前の中国の都市世帯の1人当たりの所得のジニ係数は0.16（対する1988年には0.38）だった。これほど低いジニ係数は，世界でも極めてまれである。これは，当時の中国における均等分配制度（住宅分配制度を含む）やチケット供給の特殊分配制度によるものである（李 2021）。

図表5-2　中国のジニ指数の推移（1995～2021）

年	ジニ係数	年	ジニ係数	年	ジニ係数
1995	0.365	2004	0.473	2013	0.473
1996	0.377	2005	0.485	2014	0.477
1997	0.388	2006	0.487	2015	0.455
1998	0.403	2007	0.484	2016	0.466
1999	0.432	2008	0.491	2017	0.471
2000	0.444	2009	0.490	2018	0.468
2001	0.456	2010	0.481	2019	0.465
2002	0.467	2011	0.477	2020	0.468[注1]
2003	0.479	2012	0.474	2021	0.466[注2]

注1）『Reuters』「中国基尼系数总体呈波动下降态势，将进一步缩小贫富差距-统计局长」2021年9月28日（https://jp.reuters.com/）。
注2）『知乎』「如何看待2022年中国居民收入基尼系数已降至0.466 ？」（https://www.zhihu.com/question/532461750）。
出所：各年中国統計年鑑（http://www.stats.gov.cn/tjsj/ndsj/2021/indexch.htm）をもとに筆者作成。

1980年代から，中国のジニ係数は一貫して上昇しており，1988年には0.38，1994年には0.43であった。一番高かったのは北京オリンピックの2008年（0.491）と上海万博の2009年（0.49）で，その後わずかに低下に転じた。2015年頃，「10年をかけて0.42前後に抑える」という説が流れたが，具体的な政策などがなく，今日まで0.47前後に高止まりしている（図表5-2）。

一部の研究機関のジニ係数は，国家統計局のジニ係数よりもはるかに高くなっている。南西財経大学の中国家計調査報告書は，2010年に中国の都市部と農村部の世帯の1人当たりのジニ係数が0.61であったと指摘した（李 2021）。

5．政府主導の格差拡大

改革開放後，中国は徐々に市場による資源配分システムを確立してきた。市場原理は熾烈な競争と適者生存であり，収入格差の拡大はその結果である。

近年，中国政府は，一次分配における労働報酬の割合を増やすべきだと繰り返し強調してきたが，労働に対して一般労働者と農民が受け取る報酬は依然として非常に低い。経済の高度な独占があり，これにより少数の独占企業が大きな利益を上げている一方で，大多数の労働者の利益が損なわれている。

ブルームバーグは2022年6月12日，中国証券監督管理委員会が外資系銀行の幹部を呼び，報酬について討議したと報じた。会議にはクレディ・スイスやゴールドマンの現地幹部らが出席し，特に上級管理職の報酬を習近平主席の「共同富裕」政策に沿ったものにするよう指示されたとされる[2]。

中国全体の市場経済化の進展が1990年代から本格化したことを考えると，現在は格差拡大の後期に入ったといえる。このような政治・社会構造の上に格差は存在している。格差の縮小・解決策の有効性に限界があるのも，その構造によるものである。中国では各方面に配慮しながら統一的に計画を策定し，一括して政策パッケージを作成し施行する。そのため概ね政策の効率は高いが，国の規模が大きく政策施行期間が長いことから，効果が現れるのは遅い。そして，1つの政策が施行されることにより副作用が起こると，その副作用に対応するためさらに新しい政策を立てなければならない状況となるのである。

第Ⅱ部　世界の格差

　中国は通常，10年の期間ごとに政策を立てる。そのため，地域格差の拡大という問題を留意し始めたのは1990年代頃といわれている。政策を立てるのにおよそ5年で，効果が出始めるのは実行して5年後，さらに5年をかけて調整するのである。これは終わりなき「格差の波に政策の波」という中国特有の現象である。この間の国民の忍耐力も問われる。

グローバル化と格差社会の形成

　中西部地域の豊富なエネルギーや原材料が計画によって低価格に抑えられ，それが沿海地域の製造業に安価に供給されることによって，沿海地域は大幅な利潤を得ることができた。

1．中国経済のグローバル化の進展

(1) WTO加盟から「世界の工場」へ

　中国は2001年，143番目の加盟国として世界貿易機関（WTO）に加盟した。同時に，台湾は「台澎金馬個別関税領域」として加入した。

　WTOは貿易に関するさまざまな国際ルールを定めている国際機関である。WTOに加盟するには，貿易の自由化のために，関税の引き下げやサービス業の開放などの実現を約束することが求められる。WTOに加盟することは，経済の自由化やグローバル化を進めるという公約を世界に示すことであり，外国企業にとっては中国における投資機会の拡大を意味する。

　2001年のWTO加盟は外国からの資本を引き寄せた。中国への外国からの直接投資（FDI）はWTO加盟後に増加傾向をたどり，2018年には3.4倍の1383億ドルとなり，輸出額も大幅に増え，世界に占めるシェアも高まった。

　公有制と計画経済体制をとる国内経済と，市場原理によって動く外国資本との間には大きなギャップが存在した。WTOへの加盟により，グローバルスタンダードによる経済の再編が急速に行われる状況に対応して，内外平等の原則をもった各種法規が制定されるようになった。WTOの海外直接投資

に関連する原則に合致させる必要が生じたのである。改革開放政策が開始された時点では、中国は社会主義経済システムの中での国内経済改革と対外経済開放を目指した。

2．アメリカ発グローバリゼーションの波

グローバリゼーションは，世界規模に拡大された資本主義である。資本主義はもともと市場原理のもとで資本，技術，労働力と資源などの生産諸要素，そして市場と効率よく噛み合わせることで，最大の利益を出せる経済の仕組みである。基本的には規模は拡大するという宿命をもっている。要するにより大きな規模で行うと生産諸要素の有効利用の度合いを上げることができるので，利益を上げることができるようになる。そのため，資本主義は常に拡大の道を歩んできた。最初は国内市場の統一での規模拡大，その後は国際協力による規模拡大，そして今はアメリカの世界覇権による地球規模に拡大された形になり，それがグローバリゼーションと呼ばれるようになった。

グローバリゼーションが今の段階に突入したのは，1980年代である。米ソ冷戦の終結，すなわちソ連の崩壊でアメリカが唯一の超大国になったことが契機となった。無比の軍事力を背景とした民主主義化という世界政治制度の画一化や，新自由主義というアメリカ流の無規制資本主義の推進により，グローバリゼーションは最新段階に入ったのである。

中国は1978年に農村で生産請負制を導入し，都市で市場経済化を始めた。対外的にはアメリカ発のグローバリゼーションに適応するような形で，改革開放を始めたのである。大躍進・三線建設・文化大革命という苦難の時代を経ていたため，中国は適応の速度が極めて高かった。それまでの閉鎖的な体制から，外国の技術や資本を積極的に受け入れる体制に転じ，輸出を志向した工業化を進めた。文化・社会の自由化もある程度容認した。しかし，グローバリゼーションが進んで組み込まれた他の国と異なり，中国は1989年の天安門事件で政治民主化に抵抗し，アメリカのグローバリズムを拒否した。

127

3．グローバリゼーションによる収入格差の拡大

　現在のグローバリゼーションはアメリカ主導の仕組みである。この中で最上位を占めるのがアメリカのITや金融関係の多国籍企業である。これらの企業は地球規模で展開され，世界の企業の頂点に立つもので，多額の利益を独占している。その多くは新自由主義を信奉している。そして世界のどこでも，統一された基準で業務を展開している。これらの企業の上級管理職になると，国を問わず待遇は同レベルである。WTOに加盟した後，中国ではグローバリゼーションに深く関わった結果として，中国社会の平均収入よりはるかに高い「新買弁」（買弁：清朝末期の民国期において，外国の商社，銀行などが対中進出や貿易を支援した中国人商人を指す。転じて外国資本に従属して利益を得る外国企業の代理人）が出現した。彼らの人数は決して多くはないが，中国経済に大きな影響力をもち，北京・上海などの大都市においては1つの社会階層となっている。

　その次に来るのが，日米欧の国際的な大企業である。例えば製造業や小売チェーン店など規模が大きく，市民の生活に密接していて，利益率はそれほど高くはないが，サービスの範囲は広い。企業全体の利益も膨大なものである。1990年代前後の日本の家電メーカーもこの中に含まれる。これらの外国企業で職を得ている者は多く，彼らは「小資（産階級）」「ホワイトカラー（白領）」と呼ばれている。

　その次は中国の巨大な国有企業だが，全体的には従業員の収入はまずまずというところである。これらの企業は1990年代の改革で紆余曲折を経て，規模がさらに大きくなっていった。収入はそれほど高くはないが，中国の国内において独占的な地位を得ている国有企業なので，非常に安定したものである。そして住宅は無料または安く提供されているということもあり，ここに職を得ている従業員も中産階級に属している。

　その次は中国の民間企業である。ITなどの領域においては，爆発的な成長を遂げて，その従業員の収入も爆発的に増えたという業種もあるが，全体

的な収入でいえば低いラインにとどまっている。

　その次は都市部にアルバイトで出稼ぎに出る農村出身の労働者である。民間企業と比べれば十分ではないが，出身地の農村と比べればまだよいほうである。この30年間，全人口の４割を占める農村地域の人口の収入は国の方針に支えられて上昇した期間が何度もあった。しかし，他の社会階層と比べると，農村地域の収入は上昇の平均速度が遅い。国の政策に救われるという形での拡大しかないため，他の社会階層の収入の上昇スピードにはついていけないのである。

　中国はまるで現代の世界の縮図となっている。この中国は４つの世界からなっている。豊かな先進資本主義並みの北京，上海，深圳や広州という第一世界と，中進国並みの天津・武漢・重慶などの海や川の沿岸部の第二世界，発展途上国のような内陸の中小都市という第三世界，そして，中国人口の４割を占めるまだ手付かずの貧しい農村部の第四世界である。中国各社会階層の収入体系は上記のような多重構造になっている。近年では，１人当たりのGDPについて，一番高い深圳市と一番低い甘粛省礼県との格差が171倍に達した[3]。

４．グローバル格差と対峙する

　現実の世界では，国境線で格差を維持しているが，中国国内ではさまざまな「仕切り」で格差が維持されている。１つは言語であり，諸々の外国語を中心に第一世界と第二世界を仕切っている。もう１つは戸籍であり，これで第三世界と第四世界を仕切っている。最近の改革で農民が中小都市の戸籍がとれるようになったが，人口300万以上の大都市では，農村からの転移制限が厳しく，第二世界と第三世界の間の壁はまだ厚い。その他，程度の差はあるが，地域や民族も「仕切り」として機能している。

　現実の世界では国と国の間で戦争が発生することが多いが，中国国内の社会階層間や地域間にも多くの衝突や問題が生じている。そのような中，国家（政府党）が強大な協調機能を発揮するので，大きな内戦や分裂には至っていない。

しかし，ほぼ10年ごとに発生する周期的な社会動乱は避けることができていない。

すべての個人と企業は，この巨大なグローバリゼーションの多重構造の中で自分自身の立ち位置を探さなければならない。多くの中国人にとって，これは強制的な環境適応ではあるが，この巨大な格差は適応の障害にはならなかった。上には上があるが，横との比較を必要とせず，誰でも努力しさえすれば，その努力に相応の報酬が保証されているからだ。十数億の人口がみな，農村から都市へ上を向いて挑む。あるいは外国語を学んで留学のために欧米や日本に行く。この大きな流れが過去30年以上，滞りなく続いた。

日本の企業は欧米の企業との競争の中では不利な立場に置かれていた。欧米企業は実力主義で従業員の実力に応じて待遇を決めるが，日本企業は年功序列という日本型の方法で進めていた。これは，新入社員は社内教育を経て徐々に育てて一人前にさせるという内容である。そのため，初任給は安い。だが，欧米の企業は実力主義で初任給を決める。社内教育はしない。だから中国の大学生は卒業後1，2年日本の企業で働き，その後欧米企業に転職をし，高給を得る。結局のところ，日本企業は欧米企業のための社内教育を実施しているような形だった。これは日系企業が中国進出で不利に立たされていた原因の1つでもあった。次第に日本企業も実力主義を導入して，中国のグローバリゼーションに合わせなくてはならなくなった。

香港，台湾とシンガポール系企業の大陸進出も好例である。鴻海のような台湾企業の強みは言語・文化が同じ中華に属しているというところである。中国の無尽蔵の安価で高質な労働力がなければ，鄭州や成都にある巨大製造工場はできないし，言語・文化の壁が薄い鴻海の膨大な管理層がなければ，これら数十万社員からなる巨大製造工場を効率よく管理ができないであろう。鴻海が世界最大のEMS企業になった最大の秘密はここにある。

5．一国両制と一家両制

安い人件費と巨大な市場を求めて中国に外資企業が進出し，国内企業は，10倍，20倍という外資企業との収入の巨大な格差を見せつけられた。高給な

中国社会における所得格差に起因した貧富の格差問題 第5章

外資系企業の人気ぶりは，マクドナルドの例からみればわかりやすい。北京に最初のマクドナルドやケンタッキー・フライド・チキンができたとき，北京大学など中国を代表する名門大学の卒業生たちが我先にと争うように入社した。これは当時，社会的に注目される社会現象の1つになっていた。

中国による香港の統治の仕方を「一国両制」というが，それと似た表現に「一家両制」という言葉がある。初代「一家両制」は，「一国両制」をもじって，夫妻の片方は国有企業に勤め，支給される社宅に住み，もう片方は外資企業に勤め，高給で家計を潤すことを指す。

2000年以後，上海などにおいて，都市新中間層の形成，ホワイトカラーと小資と保守化，社会動乱や遺産税導入に対する抵抗意識が高まりつつある。特に2010年代以降，香港・台湾の相対優位性の衰退とともに，都市新中間層の拡大により，本土意識・民族主義の高まりをももたらした。

都市化と社会変容のメカニズム

1．中国の戸籍制度

中国の戸籍制度の歴史は長い。歴代王朝は戸籍を頼りに統治してきた。賦役を課すため，そして（流民にならず）農民を土地に縛ることが目的である。

現在執行中の戸籍制は1950年代後半に導入されたものである。当時は国共内戦・建国および朝鮮戦争で社会が大きく揺れ動く時期であり，都市住民の食料供給を安定させ，農村部から都市部への人口流入を防ぐため戸籍制度が導入された。1976年にはここ10年間の激しい権力闘争で社会が混乱したため，中国国務院・公安部は，社会保障を充実させる観点から，農村部から都市部への人口流入を防ぐために戸籍制度を再び強化した。

中国の戸籍は大きく都市戸籍と農民戸籍に区分され，農村戸籍者は都市部への移動が制限される。この制限は内外から批判されながら2000年まで堅持されたが，以降現在に至るまで数回にわたって緩和された。農村戸籍者が都

第 **Ⅱ** 部　世界の格差

市部へ移住することが可能となり，農村部から都市部へ高い賃金を求めて出稼ぎに出てくる「農民工」が増加することとなった。しかし都市内部においては，農村戸籍者は都市戸籍者と同列には扱われず，職業面や教育面などで差別的な取扱いがされた。教育面でみても，都市部には農村戸籍の子どもは入学できない学校がある。このようなことから，都市戸籍者と農村戸籍者の間で格差が固定化する傾向にあった（田邊 2019）。

図表 5 - 3　階級別 1 人当たり可処分所得（2020年）―都市部と農村部を上回る全国の格差

上位と下位の所得階級の間の格差	
	上位／下位
全国	10.2倍
都市部	6.2倍
農村部	8.2倍

都市部平均（43,834元）
全国平均（32,189元）
農村部平均（17,132元）

注）都市部と農村部の各階級はいずれも家計の 1 人当たり所得順による 5 階級分類（上位，中上位，中位，中下位，下位，それぞれ都市部または農村部の世帯数の20％を占める）。
出所：中国国家統計局『中国統計年鑑』2021より関志雄作成（関志雄（2022））。

2．都市部「幹部」と「労働者」の身分区分

「幹部」と「労働者」は，主に都市住民に対する身分区分である。

改革開放前，都市内の就業者は，基本的に，幹部と労働者という 2 種類の社会身分集団に区分することができた。幹部の社会的地位の待遇は労働者よりも大きく優越し，昇進のチャンスも労働者よりはるかに高い。

単純に，幹部の人数および幹部と労働者の比率からみて，都市住民の中で幹部の身分をもった人口は，大体 6 分の 1 から 7 分の 1 を占めるのみで，その残りはみな労働者身分である。

中国社会における所得格差に起因した貧富の格差問題　第5章

図表5-4　中国の都市化率
(％)

1949年	7.3	2008年	45.7
1957年	10.9	2011年	50
1961年	15.4	2017年	60
1965年	12.2	2022年	64.7[注1]
1978年	17.9	2025年	65+
1991年	26.9		

注1）『知乎』「如何看待2022年中国居民収入基尼系数已降至0.466？」（https://www.zhihu.com/question/532461750）
出所：国家統計局編『中国都市統計年鑑』など。2025年は予測。

3．中国の二重経済構造と所得格差

　都市の住民は，収入，消費，社会福祉および就業などの面において，農村より優越した条件を享受し，実際の生活水準は，農村住民よりも高い。農民は，戸籍身分の改変とは社会的地位の上昇を意味しているだけでなく，さらに生活条件の大幅な改善をも意味している。

　厳格な都市と農村の分割された戸籍制度，および客観的に存在する都市と農村の生活レベルの差異は，都市と農村を相互に分割し，独立した二元社会構造を作り出し，現実社会の最も基本的な社会分層となった。

　経済成長とともに労働力が農村から都市へと移動するのは二重構造の状況でしばしばみられる現象である。農村から都市への流動が発生したのは，都市の魅力があるからである。都市の魅力とは「収入」が高く，居住環境もよく，雇用機会が豊富であることであり，それは否定できない。先進国ではすでに農村部の人口が少ないため，年ごとの都市化の進行は発展途上国よりも緩やかである。

　中国は改革開放以前に労働市場そのものは存在しない。国家はすべての生産手段を独占したため，労働機会の創出者と提供者を兼任している。国家は唯一の雇い主なのである。労働者は労働機会（雇用機会も）を得るためには国家の労働力配置計画に従わなければならない。1978年から労働契約へと転

換したが，二元社会と二重経済の構造改革はこれからの重要課題である。

4．農村から都市への転入制限撤廃

中国政府（国務院）が2014年11月に発表した「都市規模の分類基準の調整に関する通知」では，常住人口が300万人未満の都市[4]における戸籍取得制限の全面撤廃を改めて明確化した。それ以前，すでに常住人口100万人未満の中小都市では，農村からの移転制限はすでに撤廃されていた。

戸籍制度があるにもかかわらず，1980年代以降，中国農村人口の都市への転入が急速に進んでおり，2011年に都市人口が農村人口を上回り，2017年には都市人口が6割に近づいている。第十四次五カ年規画（2021～2025年）も都市部の常住人口都市化率を2025年までに65.0％に引き上げることを目標としているが，2022年はすでに64.7％[5]を達成している。

5．都市化―インドとの比較

1970年当時，インドの都市化率は中国より高く，1990年では両国がほぼ同率に並んだが，その後，中国の速度が急上昇し，インドとの差が急拡大した。

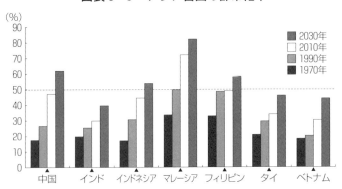

図表5-5　アジア各国の都市化率

注）国連"World Urbanization Prospects The 2009 Revision"より作成。2010年以降は予測。
出所：内閣府「世界経済の潮流　2010　I」（第2-4-2図）（http://www5.cao.go.jp/j-j/sekai_chouryuu/sh10-01/pdf/s1-10-2-4-1.pdf）

中国社会における所得格差に起因した貧富の格差問題　第5章

2030年頃、インドの40％に対して、中国は65％に到達すると予測されたが（**図表5-5**）、中国はそれより早く2024年には65％に到達するであろう。

6 アジアの所得格差拡大と貧困問題

1．ジニ係数からみる中国の格差―インドとの比較

　中国国家統計局が公表した2003年以降の数値をみると、中国のジニ係数は2008年をピークにして緩やかに低下していることがわかるが（**図表5-2**）、これは「ますます格差が拡大し、深刻化している」という日本で一般的に流布している中国のイメージとはかなり異なっている。

　中国では格差が大きいとよくいわれるが、これは主にジニ係数をもとにした、収入の格差について述べられているものである。2021年時点での中国のジニ係数は0.462で、安全基準が0.42であることを考えると格差が大きいといわれるのである。

　しかし、格差をみるにあたっては、ジニ係数と併せて、各国それぞれの富裕層の上位10％が全体に占める富の割合もみる必要がある。ジニ係数が示す所得分配の不平等さはそのままで富の格差につながるわけではない。この状態が一定期間続くと社会の格差になるのである。

　富裕層の上位10％が全体に占める富の割合をみてみる（**図表5-6**）。この数値でみれば、中国は60.8％で、49.1％の日本よりは割合が高いが、75.4％のアメリカや、73.8％のインドに比べればまだそれほど高いとはいえない。特にインドは、ジニ係数が0.36（2004年）であるにもかかわらず、この割合が非常に高い。ジニ係数のみで格差を測るのは不十分といえる。

　この20年間で急速に成長してきた中国にとって、一部富裕層への富の集中は最近のことである。もちろんこのまま放置すると格差は拡大するだろうが、現に習近平政権になってからの5年間でジニ係数は低下している（2008年0.49、2012年0.47、2016年0.465）。

135

第Ⅱ部　世界の格差

図表5-6　上位10％に独占される世界の富

クレディ・スイスによると2013年の世界の家計の富は241兆ドルと推計され、その半分近くが上位1％の富裕層によって独占されている。

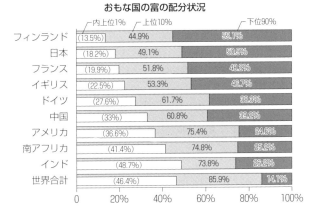

出所：成美堂出版『今がわかる時代がわかる　世界地図2015』109頁。

2．中国の格差を縮小するための取り組み

　貧困層はまだ残っているが，脱貧困させた人数でいえば，中国は世界の大半を占める。政府が強力な政策を作ることができるため，多くの人々を貧困から脱出させることができたといえよう。

　具体的な取り組みとしては，1点目に，税制改革である。中央政府の財政力が強化されるにつれ，財政力の弱い少数民族地域への優遇財政制度が本格的に進められてきた。チベット，寧夏，内モンゴル，青海への1人当たり専項移転支払（特別補助金）は全国平均の2倍以上になり，中央政府による財政支援は人口の少ない西部地域の格差縮小にも効果的であるといえる。

　2点目に，中西部の大開発である。東部に比べ貧困層の多い中西部にとって，最も必要であったインフラ整備に力を入れ，道路，通信の整備を行った。東部に集中していた工場を内陸部へ移動させ，新たに雇用を生み出した。これによって出稼ぎしなければならない人が減少し，地元で働くことのできる

人が増加した。

近年,東部のGDPの成長率は5～6％まで低下したが,少数民族地域では依然として2ケタ成長が続いている。現在は内モンゴル自治区（1人当たりGDPは74203元で全国7位,広東省が8位）,新疆ウイグル自治区（同21位,黒竜江省が22位）とチベット自治区（同27位,山西省が28位）など,少数民族地域が豊富な自然資源と観光資源を活かした経済成長を遂げ,漢民族との間での収入格差はほとんどなくなった。一方で,中部の貴州省（同29位）,雲南省（同30位）と甘粛省（同31位）などはいまだそれほど経済成長を遂げられていないのが現状である。

3点目に,農民に対して納税の免除を行ったことがあげられる。中国政府は当初,農業税を2004年から5年間で段階的に廃止するとしてきたが,その計画を前倒して,2006年1月1日から農業税を全廃した。これもジニ係数の改善の一要因であろう。

20世紀前半の度重なる革命と戦争で大地主と大資産家が中国から消え,1949年に建国してから土地・山・林などはすべて国有化された。1950～52年の土地改革で,小地主が消えた。1951～56年の「三大改造」（農業・手工業・資本主義的商工業に対する所有制改革）で,農村の富農と都市の小業主も消えた。農村では1970年代末から農地の使用権を農民に与えた。1980年代からは,都市部で市民が住宅を購入すれば,一定期間に土地の使用権を所有することになった。そのため,現在,中国の中産階級以下の社会階層においての資産格差は主に住宅などの固定資産によるものである。

3．ジニ係数で格差を測るときの注意点

ジニ係数は格差を測る手段の1つに過ぎない。ジニ係数は主に所得の格差を測るための方法であり,富（資産）の格差も社会格差の重要な構成部分であり,同時に測るべきである。

また,格差は社会の規模の大きさに左右される部分も存在する。中国のような世界でも大きな国家を測るとき,規模の小さい都市国家と同じように扱

うことはできない。

4．貧困の削減

貧困の削減においても，中国では他国に比べ上手く進んでいるようにみえる。

中国では現行基準下で農村の貧困層9899万人がすべて貧困を脱却し，832の貧困県，12万8,000の貧困村がすべて貧困脱却を実現した[6]。世界の貧困人口の割合は，1990年には総人口の約36％であったのが，2015年には約10％まで低下した。その中，中国は66％から1％へ，インドは46％から21％へとそれぞれ低下した。（**図表5-7**）

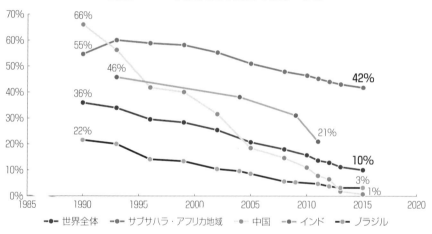

図表5-7　貧困人口の割合の推移（％）

出所：『Crowd Credit SDGs Note』「【SDGs169のターゲット】1-1.極度の貧困をあらゆる場所で終わらせる」2020年11月11日（https://sdgs.crowdcredit.jp/1-no-poverty/sdgs-target-1-1/）。

5．パンデミックと中国の格差

昨今，世界各国のコロナ対策が格差につながったという分析がある。パン

中国社会における所得格差に起因した貧富の格差問題 第5章

デミックは,何百万人もの命を奪っただけではなく,これまで長年存在してきた健康,経済,デジタル等に関するものの格差を拡大させた。テクノロジーとデジタルスキルへのアクセスにおける富裕層と貧困層の間の格差を悪化させたのだ[7]。その上,各国のバラマキ政策が株の急上昇を招き,富裕層の金融資産は必然的に増加していった。

世界でいち早く流行が発見されたのは中国(武漢市)だった。さまざまな規模で流行が国中各地で絶えず発生したが,強力な防疫政策の施行で感染拡大を有効的に抑え込むことに成功したため,中国国内では大規模な財政支出が抑止的でパンデミック由来の格差拡大は相対的に少なかったと思われる。

しかし格差との関係を考えると,以下の3点の影響がみられた。1つ目は爆発的な需要が追い風になり,オンラインショッピング,オンライン会議,オンラインゲームに関するモノやサービス,例えば,ZOOMやPC機器などの生産企業の業績拡大につながることにより,業種間の格差拡大,富の集中や不公平の増幅を招いたこと。2つ目はゼロコロナ政策は出稼ぎ労働者にいろいろな制約をかけ,一部の業種(特に宅配労働者)における過労死の多発が問題視されているということ。3つ目は行き過ぎた防疫政策が政府の財政状況を悪化させ,貧困対策や格差抑制のための貴重な資金やリソースを消耗させる可能性を否定できないことである。

また,防疫の面で格差が露呈したこともあった。例えば,中国がゼロコロナ政策を維持しているのは,医療資源を国中から感染拡大地域に集中させて治療を行う必要があるからである。ゼロコロナ政策を解除した場合,自国の医療体制が脆弱であるため感染が拡大すれば医療体制が追い付かなくなると判断した可能性がある。中国の医師数,特に看護師数は世界の平均よりも少なく,ICU(集中治療室)を備えている病院が北京などの大都市に集中し,広大な農村地域や少数民族地域は少ないという現実がある。中国がこれほど神経質になっているのは,パンデミックの始点武漢での初動が遅れて世界から批判が上がり,それがトラウマになったとも考えられる。

今の中国の問題は格差よりも人権である。行動の自由を制限したり,監視

139

することは自国民からも反抗の声が高く,たびたび世界から批判されている。度重なる感染拡大をした欧米諸国と,強力な防疫政策と「薬(ワクチン)漬け」でコロナに対抗してきた中国。しかし今中国国内では行き過ぎた防疫政策の副作用を危惧する声もある。諸外国が大きな犠牲を払って集団免疫が達成されれば,中国が世界から孤立する可能性もあるのではないかと筆者は危惧する。

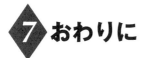
7 おわりに

　広大で複雑な中国の格差を平均化して論じても意味がない。本章では,地理的,歴史的要因で経済発展に大きな格差が生じることを分析の前提とした。

　中国において建国から1970年代までの間標榜されてきたのは,格差なき計画経済であった。しかし,その後1980年代の改革開放期に顕示されたのは,国家主導の格差拡大であった。そして2000年代以降,格差に苦しめられながら格差と戦ってきた国家の姿があった。いずれの時期においても,国家は極めて重要な役割を果たしてきたといえる。

　中国ではジニ係数の数値のみでみると基準値を上回っているが,さまざまな取り組みが功を奏し,格差は縮小に向かっている。中国は格差をテコとして経済を発展させてきた。数値がよければ,経済成長の促進のためにも格差を是正する力を弱める可能性もある。そうなると,中国のジニ係数が大きく改善する可能性も低くなるだろう。

　今までは革命・戦争終結後の社会であったため,今日の中国の富の格差は相対的に低い水準で保たれていた。しかし,長い高度経済成長の結果,中国の収入の格差は危機的な水準まで高まってきている。収入の格差を富の格差に発展させないため,中国は今,過酷な努力を尽くしている。

注

1) 柳随年,呉群敢編(1987)『中国社会主義経済略史』北京周報社,347-348,409頁。

中国社会における所得格差に起因した貧富の格差問題 第5章

2）Yawen Chen,「外資系銀行の中国ハネムーン,『共同富裕』で終焉」『REUTERS』2022年6月14日（https://jp.reuters.com/article/idJPKBN2NU0GJ）
3）NHKスペシャル「データマップ 63億人の地図 第8回中国～豊かさへの模索～」（2004年10月24日放送）。
4）中国では人口が300万人～500万人を「大都市」,500万人～1000万人を「特大都市」,1000万人以上を「超大都市」としている。
5）『知乎』「如何看待2022年中国居民收入基尼系数已降至0.466？」（https://www.zhihu.com/question/532461750）
6）『人民網日本語版』「データで見る中国における貧困削減の成果」2021年04月07日（http://j.people.com.cn/n3/2021/0407/c94474-9836721.html）
7）世界経済フォーラム,「Global Risks Report 2021」（https://www.swissinfo.ch/chi/）

参考文献

李強（2021）「21世紀以降中国の社会階層構造変化の特徴と動向」『新華文摘』24号。
田邊宏典（2019）「海外経済の潮流120 中国における格差」『ファイナンス』54 (12)（https://www.mof.go.jp/public_relations/finance/201903/201903l.html）。
関志雄（2022）『RIETI』「『共同富裕』を目指す中国」2022年1月5日（https://www.rieti.go.jp/users/china-tr/jp/ssqs/220105ssqs.html）。
王元編著（2007）『現代中国の軌跡』白帝社。
成美堂出版（2014）『今がわかる時代がわかる 世界地図2015年版』。

第**6**章

ナショナリズムと
ネイション間の
「尊厳」格差

―韓国の多文化社会化と
外国人差別―

第**II**部 世界の格差

①はじめに

　「格差」という概念は多くの場合，国家の構成員たち，すなわちnation（ネイション／国民）の各構成員同士の間で，主に収入や資産などの「経済力」の違いによって階層が生じている状態，特に上位層への移動が困難である状態を指して，用いられる。また，それは通常，社会問題の1つとして，すなわち社会的に解決されるべき問題の1つとして論じられる。格差についての，こうした見方は，同じ国に属する国民は互いに原則的に平等であるべきだとする規範が社会に定着していることを意味する。「国民間の平等」という社会規範が格差問題を社会問題として認識させる前提である。

　この規範は近代以降に生じてきたものである。近代以前において，1つの国家内に暮らす人たちは通常，「身分」によって分かれており，身を分かつ「壁」を越えることは容易ではない。近代以前の庶民にとって，帰属意識をもつ社会は，国家ではなく，村落などの，自然という地理的条件および身分という社会的条件の二重の壁によって区切られた，身近で，小さな共同体である。近代以前の庶民が，この小さな共同体を越えて，国家内の身分の違う集団成員との間で平等を求めることは，まずない。それを求めるとすれば，「分をわきまえない」行為として社会的制裁の対象となるのが常である。この「身分制社会」から，原則的には国家のすべての構成員が自由で平等な主体である社会体制，すなわち国民国家（Nation State）体制への移行があってはじめて，言い換えれば，「国民」という共同体意識が芽生えてはじめて，「格差問題」が社会問題として成立し，また当事者にとってリアルな問題として意識されるようにもなる。「あいつも同じ人間だ」と思っているからこそ，自分が達することができそうにない高い階層に属する人を前にしたとき，世の不条理や己の惨めさに苦しむ。

　こうした国民国家体制はその裏面として，あるタイプの格差や不平等を不可視化する効果を発する。すなわち，ある国家に居住していながらも，その

144

ナショナリズムとネイション間の「尊厳」格差―韓国の多文化社会化と外国人差別―

国家の(「完全な」)構成員とは見なされない人たち――(定住)外国人――と，国民との間の格差や不平等の問題である。国民国家体制に準拠する規範意識は，国民と(定住)外国人との間にある経済的／法的／政治的な差異――賃金格差や就労機会の差，社会保障制度上の権利や投票権などの差――については，その人たちが「国民ではない」という理由で，しばしば仕方のないこと／当たり前のこととして看過する。つまり，外国人については，権利や機会が制限されていても，社会問題として認識され難くなる。

　人が国境を越えて移住することが例外的な現象ではなく，また，各国間の政治的／経済的相互依存性の高まりに伴い，ある国のセキュリティや「豊かさ」がもはや一国のみで達成できないのが，「グローバル化」といわれる現代社会である。こうした時代にあって，国民と定住外国人との関係をめぐって，今，多くの国で従来とは異なるあり方が模索されている。しかしながら，「多文化共生」という言葉がもてはやされている割には，国の内外からの批判にもかかわらず，外国人技能実習生に対する経済的な「搾取」や人権侵害行為が後を絶たず，定住外国人に対する地方参政権も一切，認めていないのが日本の現状である。日本はいまだに国民国家体制とそれに準拠した規範に「執着」していると言わざるを得ない面をもつ。

　こうした中，本章では外国人人口の増加という現実を前に，国民と外国人との関係をめぐって，新しい形を模索し続けている韓国を例に，これまでの外国人人口の推移や関連する諸制度，関係の実態や課題，展望についてみていくことにする。韓国を取り上げるのは，日本の現状や未来を考えるのに，韓国が恰好の参考材料になるからだ。韓国は1人当たりの購買力平価GDPがすでに日本を上回っている。エコノミスト・インテリジェンス・ユニットの発表する民主化度数は，両国でほぼ等しい。さらに，ジェンダー・ギャップ指数の国際ランキングでともに極めて低いランクにあるという点や，少子高齢化が急速に進んでいる点，自殺率が高い点など，多くの深刻な社会問題を共有してもいる。昨今の政治的な対立とは裏腹に，また通俗的で時代遅れのイメージとは異なり，客観的にみれば，両国の社会の実像は他のどの国にも

増して相似している。本章のテーマと直接，関係することをあげれば，エスニック・ナショナリズムethnic nationalism（血統主義的な国民／民族意識）が深く根付いているという点でも両国は共通している。にもかかわらず，外国人人口の増加という現象に対する応じ方は，大きく異なっている現実があるのだ。

韓国における人口の流出入

　韓国に対して「移民を送出する国」というイメージをもっている人がいるかもしれない。が，そのイメージは，現在の韓国の姿とは乖離している（**図表6-1および6-3参照**）。新型コロナウイルス感染症拡大の影響が現れる直前の2019年時点で，韓国から他国に移住した人は4,000人程度。逆に，同年基準で，韓国に長期滞在している外国人は173万人に達する。この人数は総人口（約5171万人）のうちの3.3%にあたる。現在の韓国は移民送出国ではなく，明らかに「移民」[1]受け入れ国である。なお，同年の日本国内総人口（1億2616万人）に占める外国人（287万人）の割合は2.3%なので，人口比でいえば，韓国は今，日本よりも「多文化社会化」が進んでいるということになる。

　本節では1948年の韓国建国以来，今日に至るまでの人口流出（emigration）と人口流入（immigration）について確認する。

1．人口流出（韓国人の海外への移住）

　海外へ渡航する韓国人数は建国から15年弱が経過した1962年以降，急激に増加した[2]。これは政府が移民（送出）政策を実施するようになったためである。その目的は剰余人口を外国に送ることで人口圧力を低減し，移住者からの送金によって外貨を獲得することにあった（ユン 2013, p.127）。この頃の韓国は朝鮮戦争による甚大な被害もあり，世界でも最も貧しい国の1つである。最初期の移民はブラジルへの農業移民である。

ナショナリズムとネイション間の「尊厳」格差―韓国の多文化社会化と外国人差別― 第6章

　63年からは西ドイツへの契約労働者（鉱夫や看護師）としての「出稼ぎ」が始まった。これは，一定の期間が経てば，帰国することを前提にした移住，すなわち，「一時移民（Temporary Emigration）」である。一時移民は，1974年のオイルショック以降急増し，1982年にピークとなる。この頃は年間でおよそ20万人が「出稼ぎ」に出ている。最大の行き先は中東であり，ほとんどが建設労働者として働いた。一時移民は同年以降，急速に減少していく（Lee 2005, p.153）。

　一方，定住する目的で移住する人，すなわち永住移民（Permanent Emigration）については，1960年代半ば以降，激増する。1965年にアメリカで移民法が改正され，移民受け入れ数がすべての国に対して平等になったことによる（**図表6-1**）。永住移民は1970年代中盤にピークを迎える。この時期はアメリカだけで最大，年間3万5千人強が移住している。その後，ソウルオリンピックが行われた1988年を境に激減する[3]。

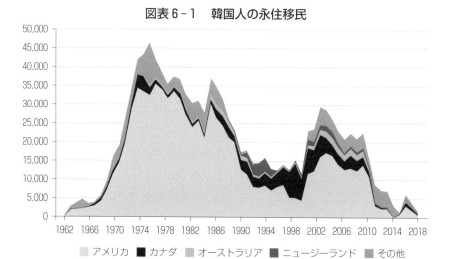

図表6-1　韓国人の永住移民

注）1962〜2001年は「海外移住申告者」のみで，2002年以降は「海外移住申告者」と「現地移住申告者」（留学・就業・訪問などの移民以外の目的で海外に行った後，現地で永住権取得を申告した者）の合計。2002年以降の数年間，移民数が増加しているのは，そのため。
出所：韓国外交部『海外移住申告』をもとに筆者作成

147

第**Ⅱ**部　世界の格差

　80年代以降の一時および永住移民の急激な減少は，韓国の経済成長と政治的民主化の進展の結果と考えて間違いない。

　建国以来の国外移住の趨勢は以上の通りだが，それ以前の移住についても若干，触れておく。建国以前における朝鮮半島の住人（朝鮮人）の国外移動は，1910年の日本による「併合」以前と以後の2つの時期に分けることができる。「併合」前の移動は，朝鮮王朝（1392～1897年）末期の1860年代から本格化する。多くは農民や労働者による飢饉や貧困，圧制から逃れるための移住である。主要な移住先は朝鮮半島の北端を流れる鴨緑河と豆満河の北側地域，すなわち中国東北部やロシア極東地域（沿海州）である。中には海を越えて，ハワイやキューバに移住した人もいる。

　朝鮮人の朝鮮半島の外への移住は「併合」後に激増する。大日本帝国の朝鮮半島の植民地支配により土地や生産手段を奪われた農民や労働者が生存の機会を求めて，中国東北部や日本に移住したのだ。日本人という異民族による支配から逃れるため，また支配に抵抗し，独立運動に身を投じるために中国やアメリカに向かった朝鮮人も少なくない。さらに太平洋戦争期には戦時動員体制下の大日本帝国の国家権力によって，最終的には70万人強にも上る朝鮮人が日本各地に労働のための移住を強制されている。その結果，日本の敗戦時，日本にはおよそ200万人の朝鮮人が暮らしていた。その後，多くの朝鮮人は朝鮮に帰ることになるが，諸事情により日本に残ることになった人たちが60万人ほどいる。

　このように，大日本帝国による植民地支配を含むさまざまな事情から朝鮮半島の外に移動し，その土地に根付いている韓国人のことを韓国では「在外同胞」と呼んでいる。**図表6-2**は，その在外同胞が今，どの地域にどれくらい居住しているかを示したものだ。東アジア地域（日本と中国）への移民の大多数は，日本の植民地支配によって生み出されたものである一方で，北米およびヨーロッパの移民は韓国建国以降の移住の結果である。故国から離れて暮らす人々のことをディアスポラ（diaspora，離散民）ということがあるが，ユーラシア大陸の東端に位置し，大国間の勢力争いの場となりやすい

148

ナショナリズムとネイション間の「尊厳」格差―韓国の多文化社会化と外国人差別―

地政学的な条件もあって，朝鮮時代の末期以降，政治的にも経済的にも困難な時代が続いた朝鮮／韓国は，そのことの帰結の1つとして，現在，世界でも有数のディアスポラ人口を抱えた国となっている（郭 2016, pp.76-84）。

図表 6-2　「在外同胞」の居住地および人口（2021年）

- ヨーロッパ　677
- カナダ　237
- アメリカ　2,634
- その他　118
- 日本　819
- 中国　2,350
- 南アジア　489

（千人）

注1）「在外同胞」は国籍に関係なく，「韓民族」の血統を引き海外に居住する者。
注2）総計は7,325千人。
出所：韓国外交部『在外同胞現況』をもとに筆者作成。

2．韓国への移住

1987年に民主化に成功し，翌年にはソウルオリンピックを迎えた韓国は，この頃から移民送出国から移民受け入れ国へと変わった。また，**図表 6-3** の通り，在留外国人数は新型コロナの影響で減少した2020年を除けば，1998年以降，増加の一途をたどってきた。長期在留者[4]についてみれば，1998年から2019年の20年ほどの間に約15万人から173万人へと10倍以上に増え，総人口に占める長期滞在者の割合も0.3%から，3.3%へと急増している。

では，韓国にはどのような人がどのような目的で，訪れているのだろうか。2019年を例に，ビザの種類（滞在資格）別の滞在者数を通して，確認してみよう。この年の在留外国人総数は252万5,000人で，観光旅行などの短期滞在者を除いた長期滞在者は173万2,000人である（**図表 6-4**）。内訳は次の通りである（韓国法務部『出入国者及び在留外国人統計』）。単位は千人である。

149

第II部 世界の格差

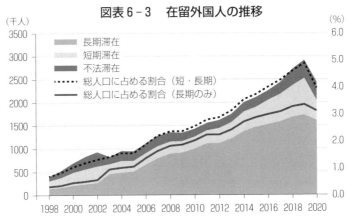

図表6-3 在留外国人の推移

注1）年末基準。
注2）滞在者数は左目盛り。
注3）総人口に占める在留者の割合は右目盛り。割合には不法滞在者を含まず。
出所：韓国法務部『出入国・外国人政策統計年報』をもとに筆者作成。

図表6-4 資格別滞在者数

資格	在外同胞	非専門就業	訪問就業	永住	結婚移民	留学	その他	計
数	464	277	226	153	131	118	239	1,732
割合	27%	16%	13%	9%	8%	7%	21%	100%

出所：韓国法務部『出入国者及び在留外国人統計』。

　長期滞在外国人のうち，最も大きい割合を占めている「在外同胞」資格は，その名の通り，「在外同胞」に与えられるもので[5]，単純労働（非専門職の労働）に従事することが禁止されている以外は，活動にいかなる制限もない。先述したように，植民地支配期以降，多くの韓国人／朝鮮人が各地に移住した。今，その「在外同胞」が，民主化と経済発展を遂げた韓国に戻り，長期滞在，あるいは定着するという流れができているのだ。この「還流するコリアン・ディアスポラ」の主流は，中国の同胞，いわゆる中国朝鮮族である。
　「非専門職就業」と「訪問就業」資格で滞在している外国人はともに単純労働に就いている外国人（外国籍者）である。2つの資格はともにいわゆる3K業種の労働力の不足を補う主旨で設けられている。このうち，「非専門就

業」資格は一般の外国人に与えられる資格であり，「訪問就業」資格は外国籍の在外同胞に与えられる資格である[6]。前者において許可されている業種は，中小製造業，農畜産業，特定のサービス業（廃棄物処理等）などの5業種であるが，後者はこれらに加え，他のサービス業（飲食，宿泊等）を含めた38業種となっており，就業可能業種が格段に多い。他に事業所の移動についても，前者は原則3回までであるのに対して，後者には制限がないなどの差がある。「訪問就業」は，基本的に非専門職に就労する目的で韓国にやってくる外国籍の在外同胞のための「特別枠」である。

永住資格は，韓国に一定期間以上，滞在する等の条件を満たした場合に与えられる資格で，地方参政権の付与を含め，韓国国民に準じる権利が与えられる。

次に同年の在留外国人を，国籍別でみてみよう（**図表6-5**）。

図表6-5　国籍別滞在者数

中国	ベトナム	タイ	アメリカ	日本	その他	計
1,102	225	210	157	86	745	2,525
43.6%	8.9%	8.3%	6.2%	3.4%	29.5%	100%

注）人数は短期在留外国人を含んでいる。
出所：韓国法務部『出入国者及び在留外国人統計』。

みての通り，韓国に在留する外国人は中国人が断然に多く，全体の半数近くを占める。また，実はそのうちの6割強の70万人程度が外国籍の同胞，すなわち中国朝鮮族である。

中国朝鮮族の在留資格についてみておくと，その多くは先述した「在外同胞」資格（34万7,000人）であり，次いで「訪問就業」資格（19万5,000人）となっている。中国朝鮮族が，単純労働への就業以外であれば活動制限のない「在外同胞」資格を得るには，大学卒業者，高度な技術資格，企業の代表などであることが条件となっている。

同胞以外の中国人約40万人に関しては，資格は短期訪問（14万4,000人）

第**Ⅱ**部 世界の格差

や留学（6万人）などさまざまである。

　次いで多いのはベトナム人とタイ人であるが，ベトナム人については，結婚移民（後述）や非専門就業，一般研修（語学研修や技術研修など），訪問同居（長期滞在者の親族による訪問など），短期訪問などさまざまな形で滞在している。タイ人の多くは観光（ビザ免除）であり，次いで多いのが非専門就業である。アメリカ人は在外同胞資格と観光がほぼ半々であり，日本人は観光が大多数である。

❸外国人の受け入れに関する政策

　韓国は現在，外国人の受け入れが急速に進んでいる。長期滞在について，受け入れへの流れを生み出した要因としては大きく2つを指摘できる。1つは，80年代後半に，国内の中小企業において3K業種の労働力が不足するようになっていたことである（「プル要因」）。同時に，このときには韓国で得られる平均賃金は他のアジア諸国のそれに比べ，数倍，高くなっていた（「プッシュ要因」）。このため，いわゆる「出稼ぎ労働者」として韓国に移住する外国人が増えたのである。

　もう1つは，同じ頃から農村地域の男性が配偶者を見つけることが困難になっていたことである（いわゆる「農村の嫁不足」）。一方，中国や東南アジアの側からいえば，経済的に発展した韓国で結婚することによって経済的豊かさや生活の安定を達成するという動機が働くようにもなった。こうして，「結婚移民」として外国出身者——多くは女性——が韓国に定着する動きが進んだのである。

　3K業種における労働力不足と農村における女性配偶者不足という2つの「不足問題」は，60年代以降の韓国の高度経済発展に伴う国民の生活水準の向上がもたらした結果であるといえる。一定の豊かさを手に入れた結果，若年層に，3K労働や農村で妻として暮らすことを忌避する傾向が生じたのである。これらの現象は，ほぼ同じ頃から日本においても顕在化している。また，そ

ナショナリズムとネイション間の「尊厳」格差―韓国の多文化社会化と外国人差別―

の解決のための方策として外国人の受け入れを進めてきたという点でも両国は共通している。しかし，その後の外国人政策は日本と韓国で大きな違いがある。以下，韓国の外国人をめぐる政策を，外国人労働者を対象とした受け入れ政策と主に外国人配偶者の増加に伴って実施されるようになった「多文化政策」(統合政策) との2つに分けて，確認する。

1. 外国人労働者の受け入れ政策

韓国では1990年代初頭には中小企業の製造業における労働力不足が深刻化するとともに，外国人不法就労者が増加していた。そういう中で，産業界から外国人労働者の受け入れを求める声が強くなると，1991年，政府は「産業技術研修制度」を新設した。これは，海外投資を行う企業が現地で雇用した労働者について，最長1年間，技術研修のため，国内に在留することを認めるというものである。ただ，この制度を利用できるのは大企業に限られていたため，制度への改変の声が強まった。これに応える形で，1993年には従業員数300人以下の中小製造企業が外国人を最長2年間，雇用することができるとする「産業研修制度」が創設された。事実上，外国人労働者の受け入れはこの時点から始まる。

従来，政府の外国人受け入れ方針は，外国人を高度技能人材と単純労働者(非専門労働者) とに分けて，前者については歓迎するが，後者については原則，受け入れを禁止するというものだった (ソル 2007, p.155)。この方針，あるいは「建前」を維持しつつ，深刻な労働者不足を解消し，また不法就労者の増加という問題を解決するために作られた制度が，実際には単純労働者に他ならない外国人労働者を「研修生」の名目で受け入れる「産業研修制度」である。

「研修生」ビザで入国し，就労する外国人は，名目上はあくまで「研修生」なので，労働者を守るための法である労働基準法の一部しか適用されないなど，その権利の保護が著しく不十分だった。実際，賃金は同一の仕事をしている韓国人と比べて格段に低かった。賃金未払い問題もしばしば起きている。

劣悪な労働環境の下で事故も多発した。にもかかわらず，当初は労災保険も下りなかった。他にもピンはねや暴行，セクハラなどの人権侵害が多発した（鄭 2008, p.256）。2001年に韓国労働研究院が行った調査では，外国人労働者のうち37％が賃金が未払いのままであり，産業災害にあった経験の労働者は17％，そのうち治療費を自分で負担した労働者は42％に上る（ユ，イ 2002, pp.99-100）。

　こうした劣悪な労働環境のため，職場離脱して，「不法就労者」になる研修生も少なくなかった。また，産業研修制度導入の趣旨の１つが不法滞在者の数を減らすことだったにもかかわらず，実際には制度導入後もその数は増加の一途をたどった[7]。その結果，最多となった2002年の不法滞在者は30万人を超えている。不法滞在者のほとんどが不法就労者だと考えれば[8]，この年の合法就労者が７万3,000人なので，すべての外国人就労者（不法就労者＋合法就労者）の８割程度が不法就労者だったことになる。この頃，韓国の外国人単純労働の受け入れはほとんど「無法状態」とでもいうべき状態だったのである。

　このような状況の中，1994年にはバングラディシュ人の労働者が，1995年にはネパール人の労働者が劣悪な労働条件に対する抗議活動を行った。これに対して，支援の輪が草の根の活動団体，労働組織にまで広がった。「活動家たちにとって韓国社会の民主化の質が問われている問題でもあった」（佐藤 2008, p.410）。外国人労働者への医療支援，法律相談，労働問題の救済などを目的とする社会運動団体が数多く設立され（春木 2011, p.146），単純労働外国人を「研修生」ではなく，労働者として認め，その保護を強化するよう政府に求める動きが広がった。ナショナルセンターである民主労総と韓国労総も外国人を支援する団体のネットワークに参加するようにもなった（朴 2020, p.58）。社会における不正や強者の横暴に対して，市民が立ち上がり，連帯し，社会運動を実践していくことは，民主化闘争と労働運動，さらに遡って日帝時代の抵抗／独立運動以来の韓国の伝統だといえるかもしれない。

　社会運動団体の声に応える形で，政府は2003年に「産業研修制度」に代わ

ナショナリズムとネイション間の「尊厳」格差—韓国の多文化社会化と外国人差別— 第6章

る新しい受け入れ制度として「外国人雇用許可制度」を新設することを決定した（2004年から施行）。外国人単純労働者を受け入れないという基本方針から，公的な受け入れへと，その政策が大きく転換したのである（産業研修制度は2007年廃止）。

外国人雇用許可制度は以下の4つの原則のもとで設計，運営されている（佐野 2017, p.81）。第一の原則は，韓国人労働者の就業機会を奪わないというものである（労働市場補完性の原則）。外国人単純労働者を雇用できるのは，まず韓国人への求人活動（「労働市場テスト」）を行った上で，それでも適当な求人が得られない韓国企業（中小企業）に限られている。第二の原則は，定住化の防止である（短期ローテーションの原則）。雇用期間は原則，3年間に限られている。一定の条件を満たせば，一時帰国後，さらに4年10か月の延長が認められているものの，定住は認められていない。第三の原則は，外国人労働者に対する差別の禁止である（均等待遇の原則）。外国人労働者も韓国人と同様に労働三権（団結権，団体交渉権，争議権）や，最低賃金，国民年金，健康保険などの適用を受ける権利が認められている。この原則がある限り，韓国人労働者の諸権利や賃金が上昇すれば，ほぼ自動的に外国人労働者のそれも上昇することになる。第四の原則は，受け入れプロセスの透明化である。産業研修制度では民間業者／ブローカーの活動により，不正が横行したことを踏まえ，受け入れから帰国までのプロセスを政府組織（雇用労働部）が主管して，管理することになっている。

雇用許可制度は，同胞以外の一般の外国人を対象とし，「非専門就業」ビザを付与する「一般雇用許可制度」と，同胞外国人を対象とし，「訪問就業」ビザを付与する「特例許可制度（訪問就業制度）」の2つで構成されている。すでに述べたように，「非専門就業」資格に比べ，「訪問就業」資格の方がさまざまな優遇措置が施されているが，上述の原則は共通している。

雇用許可制度は国際的に高い評価を得てきた。ILOは2010年に「アジアの先進的な移住管理システム」と評価している。翌年には国連が，「公共行政における腐敗の防止と戦い」分野における「国連公共行政賞」大賞を授与し

ている。これは優れた公共政策に対して表彰するもので，この分野では最も権威のある賞とされるものである。

　では，実際はどうだろうか。賃金水準に関していえば，2019年時点で，非専門就業資格および訪問就業資格の労働者のうち過半数近くが200万ウォン以上300万ウォン未満の月額賃金を得ている（日本円換算でおよそ20〜30万円）。これは，平均月額賃金が243万ウォンである韓国人の期間制労働者（有期契約社員）と同じ水準である（朴 2020, pp.63-65）。

　不法在留者に関してはどうか。先に論じたように，産業研修制度期にはその数が減少するどころか，増加の一途をたどったが，雇用許可制の導入決定後に，合法化措置がとられ，18万人に対して在留の合法化がなされた結果，不法在留者の数は一気に15万人へと減少し，それ以降は2010年代中ごろまで概ね20万人程度を維持している。ここ数年間は再び増加傾向にあり，2019年には39万人となっているとはいえ，すでにみたように在留外国人数そのものが年々，増加しているので，この年でも，在留外国人を分母とすれば，不法滞在比率は14％であり，産業研修制度末期の2002年が49％だったことと比べれば，大幅に改善している。

　韓国の産業研修制度は，その名称からも推測できるように，日本の外国人研修制度（1981年導入）と技能実習制度（1993年導入）を参考に導入したもので，外国人労働者を，実態とは乖離した「研修生」名目で受け入れるという点まで含めて，制度は酷似していた。日本が現在に至るまで，この制度を維持し，国の内外から人権侵害との批判にさらされている一方で，韓国は，少なくとも産業研修制度期に比べれば，はるかに合理的な配慮のなされた制度を実施する道を選んだのである。

2．「多文化政策」

　より高い階層に属する異性と結婚することを上昇婚と呼び，国を越えてそれをする場合，グローバル上昇婚と呼ぶことがあるが，1990年以前において韓国人の国際結婚は，韓国人女性によるグローバル上昇婚がほとんどであっ

た。すなわち，韓国人女性がアメリカ人または日本人男性と結婚するというケースがほとんどだった。

　この状況は，「東西冷戦」終結後の1992年の韓国と中国の国交樹立以降，一変した（ユン 2013, p.144）。独身男性が結婚相手を見つけることが困難になっていた農村地域は，高齢者と独身男性の割合が年々，高くなり，人口減少が深刻な問題となっていた。そういう中で，中国との国交が樹立すると，地域の自治体によって同胞である中国朝鮮族との集団見合いが積極的に推進されるようになったのである。その後，2000年代に入ると，営利目的の民間仲介業者の仲介による国際結婚が増加した。また，中国出身妻との国際結婚で偽装結婚問題が多発したこともあり，中国以外の国々，ベトナム，フィリピン，カンボジア，タイ，モンゴル，ロシア，ウズベキスタンなどの国の出身女性との結婚が増加した。さらに，農村ばかりではなく，都市部でも国際結婚が増えていった。

　国際結婚の全国的な増加の背景には，資本主義の論理に則った仲介業者の事業の活発化以外にも，韓国の儒教的／家父長主義的価値観に基づく男児選好の影響もあると指摘されている。医療技術の発達によって可能になった意図的な産み分けによって，結婚適齢期の性比に不均衡が生じているという指摘である。従来，女性が自分よりも階層や学歴の高い相手を配偶者に選ぶ傾向があるところに，女性の社会進出と地位向上が進んだことによって，経済社会的地位の高くない男性が相手を見つけ難くなっていることも理由と考えられる。東南アジアなどの「発展途上国」の女性を韓国へと向かわせる要因としては，韓国人男性との結婚による経済的安定や階層上昇移動への願望や期待があげられる（金 2017, pp.17-18, 春木 2011, pp.150-151など）。

　国際結婚は2005年にピークを迎える。この年は，年間で4万件を超えており，同年のすべての結婚のうち13.5％を占めるまでに至っている。10組に1組以上が国際結婚をしていたことになる。それ以降，2015年まで緩やかに減少しているが，15年からは再び上昇へと転じている。20年以降の減少は新型コロナの影響によるものと考えて間違いないだろう（**図表6-6**）。

第Ⅱ部　世界の格差

図表6-6　国際結婚推移

注）韓国人の総結婚件数に対する国際結婚件数の割合は右目盛り
出所：韓国統計庁『人口動向調査』をもとに筆者作成。

　この間，93年と94年を除けば，一貫して，「外国出身女性と韓国人男性との結婚」が大多数を占めている。また，外国人女性配偶者は中国出身女性が相当数に上る。2005年までは通年平均で7割程度が中国出身女性との結婚である。

　1998年の国籍法改正により，国際結婚をした外国出身配偶者は，婚姻関係を維持したまま韓国に2年居住すると，韓国籍を取得することができるようになった。その結果，2019年時点における「婚姻帰化者」（結婚後，韓国籍に国籍変更した人）は18万6,000人となっている。また同年の「結婚移民者」（国際結婚後も外国の国籍を維持している人）は17万3,000人で，両者をあわせた人（「結婚移住者」と呼んでおく）の数は，およそ36万人に達する。そのうち，女性は28万7,000人（80％）である。出身国別の内訳は，中国朝鮮族12万4,000人（35％），ベトナム8万1,000人（23％），中国6万8,000人（19％），フィリピン2万人（6％），日本1万2,000人（3％），他5万5,000人（15％）となっている（韓国統計庁人口統計調査；韓国女性家族部多文化家族課2022）。外国人配偶者の出身国は，日本を除くと，すべて韓国とは経済的な豊かさに大きな差のある国々である。なお，日本人と韓国人の国際結婚は特

ナショナリズムとネイション間の「尊厳」格差―韓国の多文化社会化と外国人差別― 第6章

定の宗教団体の斡旋によるものが少なくないと考えられる。
　韓国では，国際結婚によってできた家族を「多文化家族」と呼んでいる。この多文化家族で生まれた子どもも今，増え続けている（「多文化児童（2世）」と呼ばれることがある）。その数は2019年時点で，26万5,000人に達している（韓国女性家族部多文化家族課 2022）。
　国際結婚と多文化家族が急速に増える中，2000年代には，結婚移住女性に対する社会的差別や家庭内暴力，人権問題が深刻であることが，運動団体や研究者たちによって，明らかにされてきた（春木 2011, p.153）。同時に，行政に対して早急な対応を求める声も高まった。
　こうした中，人権問題を重視する盧武鉉（ノムヒョン）が2003年に大統領に就任すると，市民参与政権ともいわれるこの政権の下で，これまでの統制と管理，国益優先だった外国人政策が人権擁護と社会的包摂を重視する政策へと大きく様変わりした。すなわち2006年に「外国人政策委員会」を開くと，「外国人とともに生きる開かれた社会の実現」というビジョンを掲げ，外国籍同胞の差別解消，多文化児童（2世）と外国人女性の保護と定着支援，不法在留外国人の人権擁護，外国人とともに生きるための環境の醸成などの政策目標を発表した。これに基づき，翌2007年には「在韓外国人処遇基本法」が制定された。その第一条には「在韓外国人が大韓民国社会に適応し，個人の能力を十分に発揮できるようにし，大韓民国国民と在韓外国人が互いに理解し，尊重する社会環境を作り，大韓民国の発展と社会統合の礎とする」ことが法の目的であると記されている。国民と外国人が互いを尊重する社会づくりを法の目的に掲げていることは注目に値する。この部分を，韓国は韓国国民も外国人も等しく尊厳（dignity）が与えられた社会を目指すと宣言していると読むことができる限りで，この法は，韓国人という民族共同体が即，国民であり，韓国国民即，韓国社会の構成員として自明視していた，エスニック・ナショナリズムに基づく，かつての国家体制からの転換点を示すものだといってもあながち過言ではない。
　さらに翌2008年には「多文化家族支援法」が施行されることになった。施

159

行は，経済発展を重視する李明博政権期だが，法案が可決されたのは，やはり人権重視の盧武鉉政権期の末期である。法の目的は，「多文化家族の構成員が安定的に家族生活を営み，社会の構成員としての役割を果たすことができるようにすることで，生の質の向上と社会統合の礎とする」こととしている。法はこの目的のために国と地方自治体に，多文化家族の実態についての調査を行うことや，差別や偏見を予防するための措置をとるよう義務付けている。また具体的な支援として12条で，多文化家族支援センターを設置・運営をするよう促している。センターの業務としては，多文化家族構成員に対する教育や相談，韓国語教室，支援サービスや情報の提供などがあげられている。実際，これ以降，この法に従って，国内各地に多文化家族支援センターが設置された。

　以上，みてきたように，韓国では単純労働者と結婚移民の増加という社会の大きな変化——多文化社会化——に対して，市民団体からの声に応える形で，国家が主体的に，新しいビジョンを示したり，社会統合，あるいは「共生」に向けた法整備を進めたりするなど積極的な対応策をとってきた。この点，在留外国人に対して，人権保護や社会的包摂のための特別な法が存在せず，外国人を対象とする事業もその多くが地域ボランティアに頼っている日本の状況とは大きく異なっている。

韓国における多文化社会化の現実

　ここまで韓国において人口学的な意味で多文化社会化が急速に進んできたこと，それに対する国の政策が盧武鉉政権期に人権保護と内・外国人の相互尊重を重視する方へと大きく変わったことを確認してきた。しかし，公的制度が志向する「共生」の方向性とは裏腹に，依然として外国人に対する差別や偏見の問題が深刻であることを示す調査結果も少なくない。ここでは，移住労働者と結婚移住者に対する聞き取り調査をもとに，韓国の外国人受け入れの負の側面を浮き彫りにした研究を2点ほど紹介しよう。

ナショナリズムとネイション間の「尊厳」格差—韓国の多文化社会化と外国人差別— 第章

1．移住労働者にとっての韓国社会

　韓国で専門職もしくは非専門職に従事している外国人労働者男女18人への聞き取り調査を行ったキム・ソヨンの論文「移住労働者たちの韓国社会におけるゼノフォビア[9]経験に対する研究」（キム 2018）は，調査に協力した外国人労働者が直面している現実が「外国人とともに生きる社会」という理想からは程遠いものであることを示している。同論文は，外国人労働者が，ゼノフォビアに直面する中で，「アイデンティティを喪失し，似非韓国人として」生きることを余儀なくされている現実を垣間見せている。
　調査に応じた外国人労働者が最も頻繁に聞かされた，最も侮辱的な言葉は「（韓国人とは）血が違うこと」というものだった。また，調査者たちは韓国人から「東南アジアの人であること」をもって，劣等な集団として扱われる「他民族排除」の経験や，韓国人の抑圧された感情のはけ口にされ，暴行や暴言を受ける経験，そうした場合でも周囲の韓国人が助けてくれないという「集団的ないじめ」の経験をもっている。
　あるフィリピン人の調査協力者は，「多文化行事」のとき以外には，フィリピン人が「祭り」を開くことを嫌がり，ここは韓国だ，韓国式にやれと韓国人から韓国的なやり方を強要されるという「異質性への嫌悪」を経験している。韓国人から，自分たちの仕事を奪う者としてみられているのを経験した人もいるし，犯罪組織と関連する者としてみられるのを経験した人もいる。イスラム教徒の調査協力者は地域社会で性犯罪が起きたとき，犯罪者の嫌疑をかけられ，捜査の対象にさえなった。外国人労働者は時に「潜在的な敵」として扱われるのだ。
　製造業従事者やダンサー，歌手などの仕事に就いている調査協力者によれば，彼ら／彼女らには労働条件について選択権がない。製造業従事者の1人は危険な現場では外国人ばかりが配置されていたといい，ダンサーや歌手たちは，いわゆるVIP客の酒の相手をさせられたといっている。こうした差別的な待遇や非人道的な扱いは，特に東南アジア出身の労働者が集中的に受け

ている。

　しかし，雇い主に対して正面から抵抗したり，現実を変えるべく抗議したりするのが難しいのが，外国人労働者の置かれている状況である。そういう中で，自分が母国に帰ったときに，（外国人としてやってくる）韓国人に対して，韓国で受けた仕打ちの仕返しをしようと妄想している調査協力者もいる。これらの調査からは，不条理な状況に耐えるための方法が妄想や「八つ当たり」以外に見つからないような現実が浮かび上がってくる。

　キム・ソヨンによれば，外国人労働者たちは，非人道的扱いやハラスメントから逃れ，「韓国人たちの保護体系に編入するために，韓国文化を身に付け，また韓国人のライフスタイルにあわせるようになる傾向がある」。社長の宗教にあわせて，一時的に自分の従来の宗教から改宗したという協力者や，韓国人の優越意識を満足させるため，あえて自分の母国を非難したという協力者もいる。

　このような外国人労働者による，韓国人への「同化」の実践からみえてくるのは，韓国社会にいまだに残る強固な同化圧力である。外国人労働者，特に東南アジア出身の労働者たちの前には，自らのアイデンティティを抑圧・偽装し，韓国人と同じ姿，あるいは雇用主が好む姿に化けるのでなければ，ゼノフォビアの標的にされかねないという現実が確かにあるのだ。そうした面だけが韓国における外国人受け入れの現実のすべてではないにせよ[10]。

2．結婚移住女性にとっての韓国社会

　中国朝鮮族，中国，ベトナム，フィリピン，日本などさまざまな国の出身の15人の結婚移住女性に対して，集団面談および個別面談を通して聞き取り調査を行ったキム・ウンジェとチェ・ヒョンミの論文「移住民当事者が認識する先住民の多文化受容性と認識経験」（キム，チェ 2016）をみていこう。同論文によれば，結婚移住女性の置かれている状況も，根本的なところでは，外国人労働者の置かれている状況と大きくは変わらないようにみえる。

　移住労働者がそうであったように，結婚移住者の調査協力者たちが最も苦

しめられてきたのは，先住民[11]による移住者に対する差別と「無視」だった。中には，バスに乗車しようとした際，運転手によって一方的に拒否されたことのある人もいる。調査協力者がみるに，先住民が移住者の出身国の経済力と皮膚の色を基準に，移住者を分け，差別することは日常化している。調査協力者はこのため怒りと自己卑下の感情にとらわれる経験をもっている。国の経済力を基準に人を判断する傾向があるため，同じ「民族」（同胞）である朝鮮族であっても，差別されたり，無視されたりすることがしばしばである。ある中国朝鮮族の調査協力者は同じ朝鮮族の人だとわかっていても，そのことを互いに明かすことをしないという。

　調査協力者たちを苦しめる1つの要因は，結婚移住女性は貧乏だからやってきたのだという韓国人の固定観念だった。また，比較的安定した生活を送っている調査協力者たちは，多文化家族である自分たちを温情と恩恵を与える対象として見なし，国の税金を蝕む荷物だと認識している韓国人の視線に苦しめられていた。調査協力者がみるに，韓国人は西洋文化を優秀な文化，東南アジアの文化を劣等な文化と認識し，逆オリエンタリズム的な見方で，移住者の母国の文化を貶め，移住者を教育や教化の対象として見なしている。

　移住者は韓国語が十分にできないと，知的能力が不足しているかのように扱われるのが日常であった。また，調査協力者たちにとって，韓国の男性中心の位階的な家父長主義的な文化は耐え難いものだった。しかし，衝突が起きたとき，自国文化と韓国文化の違いを指摘し，理解を求めても，「郷に入れば，郷に従え」式で，黙殺されるのが常だった。

　移住者のために設置された多文化センターについて批判的な考えをもつ調査協力者もいた。センターは現実的には移住者に役立つことのない政策やプログラムを，ただ実績を上げるために実施しているに過ぎず，移住者ではなく，むしろ職員のためのものだと批判した調査協力者がいる。また，2008年の多文化支援法以来，若干，改善されたとはいえ，学校における「多文化児童」への差別問題は解決されたとは言い難いと捉えている人もいる。自分が外国出身であることが他の父母に知られ，それが原因で子どもがいじめにあ

第Ⅱ部 世界の格差

わないかと恐れて，父母会などにあえて参加しないという調査協力者もいる。

　この論文は，外国人との社会統合を進めるため，韓国人（先住民）の多文化認識を改善することを目的に移住者当事者が改善すべきだと考えている諸問題を浮き彫りにしたものである。したがって，1．の研究と同じく，この論文の内容が韓国の外国人受け入れの現実のすべてだと考えることはできない。とはいえ，この調査結果をみる限り，韓国人（先住民）の自文化中心主義的な思考や態度，自国よりも経済的に豊かではない国の出身者に対する見下し，韓国人（先住民）贔屓の態度が，結婚移住者を苦しめる要因として恒常的に存在していることは否めないだろう。

　例えば，2017年，国家人権委員会は結婚移住者920人を対象に，アンケート調査を行ったが，その中の家庭内暴力に関する質問で，何らかの家庭内暴力を受けたことがあると答えた人は387人（42％）にも達していた。最も多かったのは，「酷い暴言」で，314人（31％），次いで多かったのは，「韓国式生活の絶対的な強要」で，160人（17％）であった。以上のような結果をみる限り，結婚移住者への人権侵害を「例外的な出来事」として捉えることできないであろう。

5 おわりに─韓国におけるナショナリズムと「多文化共生」社会

　「先住民」としての韓国人と移住者の実際の接触の場面においては，必ずしも，公的制度や市民的良心が求める「共生」が実践されているわけではない。移住者は韓国人から見下されたり，無視されたり，差別的な扱いを受ける経験や，暗黙裡に，あるいはときに脅迫的に韓国文化への同化が求められる経験から完全に免れているわけではない。そして，こうした扱い──人の尊厳（dignity）を傷つける扱い──を最も受けやすいのは，移住者の中でも，東南アジアの国々やモンゴル，中国といった，いわゆる「（発展）途上国」出身の国民である[12]。「ネイション間の威厳格差」ともいうべき現象が生み出されているのである。

164

出身国の経済発展の度合いによって移住者を本質主義的に格付けし，差別する態度を，ハン・ギルスはnouveau-riche nationalism（「成金」ナショナリズム）と呼んでいる（Han, 2018）。これはもちろん韓国が先進国の仲間入りを果たしたこと[13]を背景に生じているが，「成金」ナショナリズムそのものは韓国に特有の現象ではない。実際は経済的な優位性を確保した国において，ほとんど普遍的に現れる現象である。すなわち，19世紀後半に他の非西洋諸国に先駆けて近代化という名の西洋化の道を進み，列強の仲間入りを果たした日本における，かつての（あるいは現在も続く）アジア蔑視や，18世紀以降のアメリカやヨーロッパにおける人種差別などがそうである。

しかし，「成金」ナショナリズムが経済的に優位に立った国家においてほとんど普遍的に現れる現象だからとって，それが不可避的なものだというわけではない。「成金」ナショナリズムは国民国家体制が前提となる。が，その国民国家体制は，18世以降，ヨーロッパで確立し，その後，全世界の標準になったところの，歴史的な産物に過ぎないからである。グローバル化の中で，この歴史的な産物も徐々に役割を終えていくかもしれない。

外国人受け入れをめぐり先進的な制度を設けている一方で，依然として「先住民」による差別が現存しているという韓国社会の2つの顔は，韓国社会が国民国家体制の岐路に立っていることを示すものだと考えることができる。これまでの「民族としての韓国人（先住民）＝韓国における唯一，正当な構成員（国民）」という（エスニック）ナショナリズムに依拠した国家か，これを脱して，移住者も正当な構成員として包摂する多文化主義的な国家かという岐路である。そしてどちらに進むのかは予断を許さないというのが現状である。どういうことか。韓国ナショナリズムの歴史を振り返ることで，韓国の「現住所」を確認しよう。

韓国／朝鮮において，庶民が村落などの「小さな共同体」に対して帰属意識をもっていた状態から，より大きな共同体，すなわち朝鮮人という民族集団に帰属意識をもつ状態へと変わっていくプロセスは，帝国日本による朝鮮半島の植民地支配と深く関わっている（Shin 2006）。端的にいえば，帝国権

力に抵抗し，独立を求める中で，朝鮮における民族意識は発生している。あるいは抵抗するために，民族主義が生まれているといっても，決して言い過ぎではない。この「抵抗する民族主義」が韓国ナショナリズムの起源である。

独立後，韓国は独裁政権の下，市民による民主化を求める運動が長きにわたって続いた。この間，独裁的政権は「有機体としての国家」を前面に押し出し，民主化勢力を国家の利益や安泰，威信を脅かす存在と見なしてきた一方で，民主化勢力は「民衆としての国民」を前面に押し出し，独裁政権を国民＝民衆の権利や自由を脅かす存在と見なしていた。独裁的政権と民主化勢力との間の敵対は，権威主義的ナショナリズムと民衆ナショナリズムとの敵対であった。そして，1987年の民主化の成功は，帝国による支配期の「抵抗する民族主義」を引き継ぐ「民衆ナショナリズム」の勝利であったということができる。注意すべきは，「抵抗する民族主義」も「民衆ナショナリズム」も強大な権力に対する民衆による集合的挑戦の実践であり，その過程で無数の犠牲者を出してきたことだ。こうした歴史がある以上，韓国におけるナショナリズムが「正義」として美徳視されることには，一定の「必然性」がある。そして実際，平等や人権，自由という価値を重視するリベラリストであることと，民族共同体を重視するナショナリストであることは，韓国において矛盾しない。前者からみたとき，後者が「保守派」「右派」として整理され，しばしば全体主義や軍国主義という克服すべきイデオロギーと関連付けられる日本とは，この点でまったく状況が異なる。

韓国は，この強固で，「無垢」のナショナリズムを原動力として，経済的な先進国化を進めてきた。民主化以降の金泳三時代（1993-1998）によって進められた「世界化（セゲファ）」は，民族と国家の繁栄のために，グローバル・スタンダードにあわせるというものであり，民族／国家の目的（national goal）のためにグローバル化を利用／流用（appropriate）するものである（Shin 2003）。

こうして先進国化が果たされた後，それに伴う問題——3K労働力の不足，農村における女性配偶者不足——が発生すると，外国人の受け入れによって

ナショナリズムとネイション間の「尊厳」格差―韓国の多文化社会化と外国人差別― 第6章

問題を解決しようとしたわけだが，そのとき，迅速で，「大胆」な制度づくりを可能にしたのも，やはりナショナリズムだったと考えることができる。エスニック・ナショナリズムに準拠した従来の国の形を刷新する新しい制度の導入は，「我々の未来」に対する危機感が共有されることによってのみ可能である。そして，「我々の未来」に対する危機感の共有は，同じ韓国人という感覚，すなわちナショナリズムの存在を抜きにしては考えられない。重要な点は，強固な（エスニック）ナショナリズムこそが，脱（エスニック）ナショナリズムを促したという逆説である。

このように脱ナショナリズムの原動力がナショナリズムである以上，脱ナショナリズムの志向性，すなわち多文化／多民族主義の志向性が社会的に表面化すればするほど，これに逆行する志向性，すなわち単一文化／単一民族主義の志向性が社会の表面に現れてくること，すなわち「バックラッシュ」が生じることは，ある意味で，自然なことである。

実際，コロナ禍の2021年，女性配偶者不足に悩むある農村地域で，ベトナム人留学生と地域内の独身男性との「自然な出会い」を促進するというプロジェクトが立案されると，移住女性の人権擁護を掲げる社会運動団体が当のベトナム女性とともに「女性留学生を結婚・出産の役割としてのみみている」と反対の声を上げ，国家人権委員会もプロジェクトの改善を求めるという事態が発生した[14]。「先住民」の利害関心をむき出しにしたプロジェクトに対する人権団体による，この批判，「ダメ出し」は，明らかに脱ナショナリズムを志向している。あるいは反ナショナリズムの志向性をみせているといえるかもしれない。そういう一方で，同じくコロナ禍で行われた大統領選の選挙運動期間中，候補者の1人が，SNS上で外国人労働者が健康保険に関して，不正に恩恵を受けている，と根も葉もない差別扇動デマを飛ばすという事態が発生した[15]。ナショナリズムの志向性を前面に打ち出し，「義憤に駆られた民族主義者」というイメージ戦略を立てた，この排外主義との誹りを免れないはずの候補者は，現在，韓国の大統領となっている。

2つの出来事が象徴するように，韓国は今，脱ナショナリズムの道か，ナ

167

第Ⅱ部　世界の格差

ショナリズムの道か，その岐路に立っている。それは脱ナショナリズムの原動力がナショナリズムであったことの必然的な結果である。したがって，韓国が，今後，どちらに向かうのか，あるいは第三の道を見出すのか，まったく予断を許さない。ただ，韓国の「現住所」は，今後も外国人の受け入れが進む限り，いずれ日本が立つことになる地点だということは間違いないだろうと思われる。

注

1）「移民（migrant）」という語は必ずしも定義が定まってはいない。ここでは，「生まれた国を離れて，他国に移動し，その国である程度，長期にわたって（概ね1年以上），暮らしている人」という意味で用いる（文脈次第では，移住という現象そのものを移民と呼ぶ場合もある）。韓国でもしばしばこの意味で，移民（이민）という言葉を用いており，したがって，外国人労働者も移民に含めることがある。なお，この定義に従えば，日本における「外国人技能実習生」も「移民」であるが，日本政府は今のところ，実習生たちを移民としては認めていない。

2）建国から62年までの間も，朝鮮戦争時（1950～1953年）に発生した戦争孤児や米軍兵士と結婚した女性，その間に生まれた「ダブル」の子ども，学生などがアメリカやカナダに移住しているが，この期間を通して，総1万7,000人程度で，数的には限られている。

3）2002年から2012年の間でもう1つの「山」があるが，これは統計の取り方と関係している。図表の注参照。

4）「短期在留者」は，観光旅行などで数か月程度の在留期間の外国人を指し，「長期在留者」は労働や結婚，留学などのため，それより長期にわたって在留する外国人を指す。短期在留者の数は年末に在留している外国人をカウントしている。

5）在外同胞は移住後も韓国国籍を依然として維持している場合もあれば，移住後に当該国の国籍に変更する場合もある。前者の場合，韓国パスポートを所有しているので，韓国に入国する際には，当然，ビザは要らない。後者の場合，同胞であることをもってさまざまな優遇措置がとられるが，国籍上は「外国人」なので，観光訪問などではない限り，何らかのビザが必要になる。

6）訪問就業資格の対象となる在外同胞は，中国とCIS（旧ソ連を構成していた諸国からバルト三国を除いた国々）に居住する同胞である。この資格で就業する同胞の多くは中国朝鮮族である。

7）不法滞在者になる「経路」としては，産業研修生から不法滞在者になるという経路は割合的には必ずしも大きくはない。むしろ，短期訪問や観光で訪問し，そのま

ま，不法就労者になるという経路の方が多い。例えば，2000年では，産業研修生から不法滞在者というケースは，20％程度である（イム，ソル 2000, p.160）。が，いずれせよ，産業研修制度が不法就労者の減少にまったく効果を発揮していなかったことは事実である。

8）ソル・ドンフンは，不法在留者から非経済活動人口（15歳未満と61歳以上）を除いた数を不法就労者（未登録労働者）として計算しているが，年度別一覧によれば，2002年は29万人が不法就労者である（ソル 2007, p.389）。

9）「ゼノフォビア」とは外国人嫌悪もしくは外国人恐怖症のこと。

10）ここで紹介した論文は元より「ゼノフォビア経験」をテーマにして，聞き取り調査をし，分析をしたものであるから，韓国における外国人労働者の受け入れの肯定的な側面を示すような「当事者の声」はほとんどまったく示されていはいない。

11）この論文で「先住民」とあるのは，エスニックな意味での韓国人のことである。移住民の中には韓国籍取得者も少なくなく，その場合，法的には「韓国人」なので，この「移住後の韓国人」との対比で，「先住民」と呼んでいる。

12）経済重視の視線は，中国朝鮮族や北朝鮮からやってきた人々にも向けられ，豊かさの違いのために，同じ民族（同胞）であってももはや「我々」という感覚が薄れている現実もある（Campbell 2015）。

13）先進国かどうかの基準はさまざまであるが，一般的なのはOECDに加盟しているかどうかであろう（日本政府もこの定義に従っている）。韓国は1996年にOECDに加盟している。

14）韓国ハンギョレ新聞（web版）「ムンギョン市『人口増加のための農村独身男性の結婚推進』…移住女性を道具扱い」（2022/9/7）

15）韓国ハンギョレ新聞（web版）「外国人健康保険財政，年間5千億黒字…ユン・ソギョル『不正恩恵論』の間違い」（2022/2/2）

参考文献

［英語］

Campbell, Emma（2015）The end of ethnic nationalism? Changing conceptions of national identity and belonging among young South Koreans, *Nations and Nationalism*, 21, pp.483-502.

Han, Gil-Soo（2018）*Nouveau-riche Nationalism and Multiculturalism in Korea*, Routledge.

Lee, Hye-Kyung（2005）The Korean Diaspora and Its Impact on Korea's Development, *Asian and Pacific Migration Journal*, 14, pp.149-168.

Shin, Gi-Wook（2003）The Paradox of Korean Globalization, Asia/Pacific Research Center, Stanford University.

Shin, Gi-Wook (2006) *Ethnic Nationalism in Korea: Genealogy, Politics, and Legacy*, Stanford University Press.

［韓国語］

イム・ヒョンジン，ソル・ドンフン（2000）「韓国の外国人力政策」『韓国社会学』22（3, 4），pp.153-186。

キム・ウンジェ，チェ・ヒョンミ（2016）「移住民当事者たちが認識した先住民たちの多文化受容性と認識経験」『韓国社会福祉行政学』18（4），pp.143-167。

キム・ソヨン（2018）「移住労働者たちの韓国社会におけるゼノフォビア経験に対する研究」*Korean Journal of Social Welfare Studies*, 49（4），pp.31-63。

ソル・ドンフン（2007）「国際労働力移動と外国人労働者の市民権に関する研究」『民主主義と人権』7（2），pp.369-419。

ユ・ギルサン，イ・ギュヨン（2002）『外国人労働者の雇用実態と政策課題』韓国労働研究院。

ユン・インジン（2013）『東北アジアの国際移動と多文化主義』ハヌル。

韓国女性家族部多文化家族課（2022）『多文化家族関連年度別統計』。

韓国外交部『海外移住申告』（統計庁Webサイト［Eナラ指標］より2022年10月取得）。

韓国外交部『在外同胞現況』（統計庁Webサイト［KOSIS］より2022年10月取得）。

韓国法務部『出入国・外国人政策：統計年報』『出入国者及び在留外国人統計』（［KOSIS］より2022年10月取得）。

韓国統計庁『人口統計調査』（［KOSIS］より2022年10月取得）。

［日本語］

郭基煥（2016）「コリアン・ディアスポラとトランスナショナリズム」西原和久・樽本英樹編『現代人の国際社会学・入門』有斐閣，pp.75-92。

金愛慶（2017）「韓国における国際結婚の増加と支援政策」『名古屋学院大学論集　社会科学篇』54（1），pp.13-28。

佐藤忍（2008）「韓国の外国人労働者」『香川大学経済論叢』81（3），pp.159-194。

佐野孝治（2017）「韓国の『雇用許可制』にみる日本へのインプリケーション」『日本政策金融公庫論集』36，pp.77-90。

春木育美（2011）「韓国の外国人労働者政策と社会統合政策推進の背景」春木育美，薛東勲編『韓国の少子・高齢化と格差社会』pp.139-171。

鄭雅英（2008）「韓国と日本における移住労働者受け入れ政策比較」『ディアスポラ研究』2（1），pp.249-67。

朴昌明（2020）「韓国における外国人非熟練労働者と雇用許可制」『駿河台法学』34（1），pp.51-73。

第**7**章

経済のグローバル化
と格差

―イギリス経済史の視点から―

第**Ⅱ**部 世界の格差

①はじめに

　本章では，グローバル化と格差の問題を，イギリス経済史の視点から考察していきたい。対象とするのは，史上初の，そしておそらくは不可逆的なグローバル化が生じたパックス・ブリタニカ＝「イギリスによる平和」の時代である。この時代，自由貿易政策の世界的普及と，交通・通信技術の飛躍的進歩により，世界経済の統合が急速に進展した。対GDP比でみると，モノ，ヒト，カネの移動は，現代に匹敵するレベルであったという（スティーガー2017, p.169）。

　19世紀末に出現した「グローバル経済」の最大の特徴は，国家間の著しい経済的格差が存在していた点にある。この時期，目覚ましい経済成長を達成したのは西ヨーロッパ諸国とアメリカのみであり，アジア・アフリカ諸国の経済は停滞したままであった。また，豊かさの代表的指標である1人当たりの国民所得をみても，前者が急激な伸びを示した一方で，後者は横ばいで推移した。では，なぜこのような格差が生じ，格差構造が定着するに至ったのであろうか。

　一般的にこの理由は，列強による後進地域の支配に帰せられており，支配の実態に関する事例研究は枚挙に暇がない。ここでは，これらの事例研究を参考にしつつ，世界経済全体の構造から格差の問題にアプローチしていく。具体的には，1870年頃に出現した多角的貿易システムに着目する[1]。多角的貿易システムは，誕生後数十年の間に世界各国・地域を包摂してゆき，あたかも人体の「血管系」のように特定の機能を果たすに至ったとされる。以下，多角的貿易システムの形成過程，および，構造と特質について検討していきたい。

172

経済のグローバル化と格差―イギリス経済史の視点から― 第章

 多角的貿易システムの形成

　本節では，多角的貿易システムの形成過程についてみていく。1．では，同システム形成の前提条件となった自由貿易政策の波及と交通・通信革命について概説する。2．では，同システムの出現の主因となったイギリスの海外投資についてみていく。3．では，同システムの形成過程について論じていく。

1．多角的貿易システム形成の前提

(1) 自由貿易政策の波及

　イギリスにおいて自由貿易主義の理論的基礎は，スミス（A. Smith）の『国富論』（1776年）とリカード（D. Ricardo）『経済学及び課税の原理』（1817年）によって確立された。この理論によると，各国は比較優位財の生産に特化し，これらを相互に交換することによりすべての国が利益を受けることになる。この理論が優勢を占めるようになり，イギリスでは1840年代に穀物法と航海条例が廃止され，自由貿易体制が確立された。

　その後イギリスは，フランスとの間に，コブデン・シュヴァリエ協定として知られる通商協定を締結した（1860年）。この協定において，イギリスはフランスに対し蒸留酒とワインを除くすべての商品の自由輸入を認め，フランスの輸入額に占める関税収入の割合は，1849年の17.2％から1865年の4％へと大幅に低下した（Olson and Shadle 1996, p.55）。また，この協定には最恵国条項があったため[2]，ヨーロッパ全体に自由貿易政策が定着することとなった。

　一方，アジアやラテン・アメリカの国に対しては，海軍力の誇示や行使を通して自由貿易政策の採用を強制していった。いわゆる自由貿易帝国主義である。19世紀初頭，ラテン・アメリカ諸国はスペイン植民地支配からの独立を達成したが，その後，貿易に利益を見出した政治勢力が優位を占めたことにより，比較的平和裏に自由貿易体制に組み込まれていった。一方，中国は

173

アヘン戦争（1840〜42年）に敗北した結果，主要な港の開港を迫られ，強制的に自由貿易体制に編入された[3]。

　イギリスが自由貿易政策を推進した理由は，工業製品の輸出市場を開拓・確保する必要があったからである。18世紀末に産業革命を実現したイギリスは，繊維・鉄製品を大量生産することに成功する。イギリスはこれら製品の販路を確保するために，重商主義政策の下で閉鎖された植民地市場の開放や中国の朝貢貿易体制の廃止を押し進めていった。その結果，19世紀の世界市場は，「世界の工場」イギリスが製造する鉄，鉄鋼，機械，綿製品によって席捲されることとなった。

　一方，世界的な自由貿易体制の下で，一次産品生産諸国が工業諸国に対する輸出を急拡大させたという事実にも注目する必要がある。この点からすれば，イギリスの自由貿易政策の推進は，海外投資収益の安定的確保を担保していたともいえる。なぜなら，一次産品生産諸国は自由貿易体制の下で，利子・配当支払いを可能とする輸出収入を得ることができたからである。これについては，後に詳しく検討していきたい。

⑵　交通・通信革命

　交通革命において主軸的役割を果たしたのは蒸気機関であった。蒸気機関はワット（J. Watt）により実用化されたが，鉄道や蒸気船が普及するには，さらなる技術的飛躍が必要であった。なぜなら，鉄道や蒸気船を製造するためには大量の鉄鋼（steel）が必要だったからである。この鉄鋼の大量生産を可能にしたのが1856年に導入されたベッセマー製鋼法であった。ベッセマー製鋼法は産業革命の成果を，交通・通信革命に結実させる上で大きな役割を果たした。

　イギリス（世界）で最初の鉄道が開業したのは1825年である（ストックトン－ダーリントン鉄道）。1914年には，イギリスの鉄道の総延長距離は3万8,000kmに達した（北川他 2017, p.73）。フランスでは19世紀半ばまでにパリを中心とする鉄道網が整備され，ドイツの鉄道も1910年までに総延長距離は

6万kmを超えた（北川他 2017, pp.73-74）。アメリカでは，1869年に大陸横断鉄道が完成し，1914年には総延長距離は41万kmに達した（北川他 2017, p.74）。

アジア・アフリカ諸国でも鉄道の敷設が進んだ。例えば，インドにおいては，1853年に最初の鉄道が開業したが，1913年には総延長距離は5万4,000kmと，本国イギリスを上回っていた（北川他 2017, p.75）。ラテン・アメリカ諸国，とりわけアルゼンチンにおいても英系鉄道会社によって鉄道網の整備が進められていった。インド，アルゼンチン両国の鉄道は，もっぱらイギリスの鉄道会社によって建設された。

蒸気船は1820年頃からすでに利用されていたが，蒸気機関の性能の低さから大量の石炭を積む必要があり，積荷の積載量が制約され輸送コストが高くついた。そのため，帆船と競合する時代が続いた。しかし，1869年におけるスエズ運河の開設によって，蒸気船の優位が決定的になった。1880年代からは大西洋を横断する定期航路が出現し，リバプールからニューヨーク間の移動が10日間で可能となった（マディソン 2004, p.117）。また，スエズ運河の開通により，ロンドンからインドまでの距離は30〜40％，香港までの距離は26％短縮された（マディソン 2004, p.117）。

最後に，電信・電話の普及についてもみておきたい。電信機は19世紀前半にモールス（S.F.B. Morse）によって実用化され，19世紀後半に海底ケーブルの敷設が進むことにより，大陸間の高速通信が可能となった。さらに，1876年にはベル（A.G. Bell）によって電話機が発明され，1895年にはマルコーニ（G. Marconi）によって蒸気船が使用する無線電信も発明された（Northrup 2005, p.891）。これらの発明の結果，契約内容の速やかな確認や送金が可能になった。また，各国の金融・資本市場が結びつき，国際資本移動が促進された（マディソン 2004, p.118）。

2．イギリスの海外投資

イギリスの海外投資は多角的貿易システム形成の直接的原因となり，同国

第Ⅱ部　世界の格差

を基軸とする「グローバル経済」の構造と特質を規定することとなった。以下，イギリスの海外投資について検討していくが，その前に，金融街シティ（The City of London）について概観しておきたい。

シティは「スクエア・マイル」（1マイル＝1.6km）と呼ばれるように，テムズ川沿いの一角にある狭い空間である。ここには，世界各国の銀行や法律・会計会社などが蝟集している（上川・矢後編 2007, p.286）。すでに中世には，路地，庭，酒場，コーヒー・ハウスなどで積極的にビジネスが行われていたという（Humphreys 2008, p.221）。その後，シティは中世の都市機能を継承し，とりわけ国際的ビジネスに必要不可欠な組織（商品取引所，保険会社，証券取引所など）が世界に先駆けて形成された。

19世紀後半になると，シティは世界最大の金融センターとしての地位を確立する。各地の預金額を示すと，ロンドン（1872年12月31日時点）1億2000万ポンド，パリ（1873年2月27日時点）1300万ポンド，ニューヨーク（1873年2月時点）4000万ポンド，ドイツ帝国（1973年1月31日時点）800万ポンドであった（バジョット 2011, pp.12-13）。このように，ロンドンの預金額は群を抜いていた。

確かに，銀行預金の額のみでその国の「金融力」を評価することはできない。例えば，王や貴族が保有する現金などについていえば，フランスやドイツなどの方が多かったであろう。また，フランスやドイツの国民が，自宅に保管している現金や金の額も，イギリスに劣ることはなかった。しかし，これらの資金を事業・投資用の資金として機動的に使用することはできなかった。いわゆる流動資産の規模において，イギリスは圧倒的な地位を占めていたのである。

さて，イギリスの海外証券発行業務を主に担ったのはマーチャント・バンクと呼ばれる金融商会（投資銀行）である[4]。ベアリング商会（Baring Brothers & Co.）は北ドイツの聖職者であったベアリング（J. Baring）によって創設された。同商会は19世紀になると「第6の列強」と称されるほど有力な銀行へと成長した（上川・矢後編 2007, p.286）。また，ロスチャイルド

176

経済のグローバル化と格差―イギリス経済史の視点から― 第7章

商会（N.M. Rothschild & Sons）は，フランクフルトに起源があるユダヤ系のマーチャント・バンクであった（上川・矢後編 2007, p.287）。

19世紀半ば以降，西ヨーロッパの一部の国は海外投資を本格化していくが，イギリスのそれは傑出していた。**図表7-1**から明らかなように，世界の海外投資の半分近くはイギリス一国によるものであり，2位のフランスの倍以上の規模であった。第一次世界大戦前夜にはイギリスの海外投資残高は40億ポンドに達したが，それは国富の4分の1を大きく上回る額であった（ファイス 1992, p.9）。また，1914年に至る30年間において，イギリスの国民所得は倍増するにとどまったが，海外投資所得は3〜4倍も増大した（ファイス 1992, p.10）。まさに，この時期のイギリスの繁栄の基礎は海外投資にあったといえる。

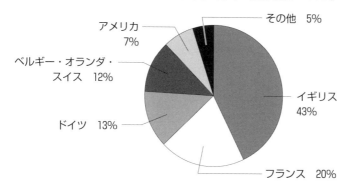

図表7-1　海外投資の分布（投資国）1914年

その他　5%
アメリカ　7%
ベルギー・オランダ・スイス　12%
ドイツ　13%
フランス　20%
イギリス　43%

出所：ケンウッド＆ロッキード（1985）p.21より作成。

では，イギリスの投資先・分野について確認していこう。**図表7-2**をみてわかるように，19世紀初頭には投資先は圧倒的にヨーロッパであったが，これは主に鉄道建設のための投資であった。したがって，大陸ヨーロッパ諸国の鉄道建設が完成すると，イギリス資本はインド，ラテン・アメリカ，そして自治領諸国の鉄道・港湾開発に向かうこととなった。その結果，1914年

になるとアメリカとヨーロッパの割合は激減し，イギリス自治領諸国やラテン・アメリカが最大の投資先となっている。なお，これら諸国に対する投資は，電気，水道，ガスなどの公共事業投資や，銀行・金融業などに及んだ。

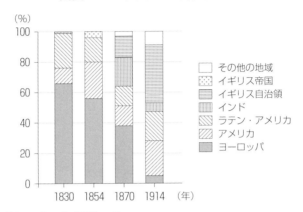

図表 7-2　イギリスの海外投資先

出所：ケンウッド＆ロッキード（1985）p.24。

ところで，イギリス資本が投下された国は，いずれも広大な国土を有し，農牧業に適した気候であったため，イギリス市場の吸収力をはるかに超えるペースで農牧産品の生産量が拡大していった（本山 1979, p.186）。したがって，対外債務を負った一次産品生産諸国は，イギリスに対する利子・配当支払い，元本の償還を，同国に対する輸出超過によって直接的に履行することができなくなった。要するに，イギリスは，債務国に対する輸入超過によって，直接的に債権を回収することが困難になったのである。しかし，かかる状況は，アメリカとヨーロッパ諸国（特にドイツ）の急激な工業化によって劇的に変化することになる。

3．多角的貿易システムの形成

　イギリスの海外投資が拡大していた時期，アメリカとヨーロッパの一部の

経済のグローバル化と格差—イギリス経済史の視点から— 第7章

国（特にドイツ）において「旧産業」（鉄鋼，農業機械，繊維など）の合理化と，「新産業」（石油精製，化学，電気・通信など）の急激な発展がみられた。この時代の急激な工業発展は，18世紀末から19世紀初頭におけるイギリスにおける産業革命に対して，「第二次産業革命」と称されている。**図表7－3**をみると，1913年における世界工業生産に占めるアメリカの割合が35％を超え，1870年から1913年の間に同国の工業生産が8倍になっていることが確認できる。ドイツの工業化も目を見張るものがあり，ヨーロッパ最大の工業国となった。

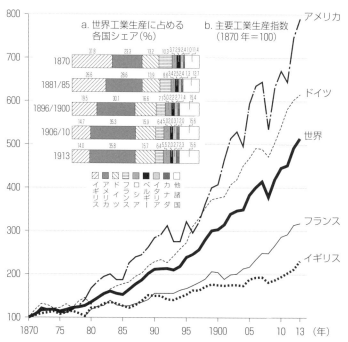

図表7-3　世界の工業生産

注）a，bともに生産指数は1913＝100を1870＝100に直して作成。Aの1870，1913年は5ヵ年平均。
出所：宮崎・奥村・森田編（1981）p.88より作成。

179

工業化によりアメリカの貿易構造は大きく変化した。アメリカは一次産品輸出国としての地位を，他の「新入植地域」（カナダ，オーストラリア，アルゼンチンなどの国）に譲ったが[5]，同地域と同種の農牧産品を生産していた。また，同地域においては，米国製の工業製品に加え，トラクターなどの農業用機械に対する需要もあった。それゆえ，アメリカは「新入植地域」に対しては大幅な輸出超過となった。一方，同国は熱帯諸国からジュート，天然ゴム，コーヒー豆などを輸入していたが，経済の発展が遅れた熱帯諸国の側は，アメリカが製造する工業製品を必要としなかった。ゆえに，アメリカは熱帯諸国に対して大幅な輸入超過となった。**図表7-4**は，アメリカの貿易収支の状況を示している。

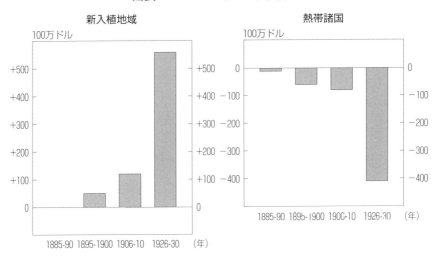

図表7-4　アメリカの貿易収支

出所：Hilgerdt（1943）p.400より作成。

ドイツでは工業化・都市化により，「新入植地域」やアメリカが生産する各種農牧産品に対する需要が高まり，これらの国・地域に対しては輸入超過となった。一方，近隣のヨーロッパ諸国（ベルギー，デンマーク，フランス，

経済のグローバル化と格差—イギリス経済史の視点から— 第7章

オランダ，ノルウェー，スウェーデン，イギリスなど）に対しては，工業製品の輸出により大幅な輸出超過となった。ドイツの輸出先は，経済の発展レベルが高いことに加え経済規模も比較的大きかった。したがって，輸出額を急拡大させることが可能であった。**図表7-5**は，ドイツの貿易収支の状況を示している。

図表7-5 ドイツの貿易収支

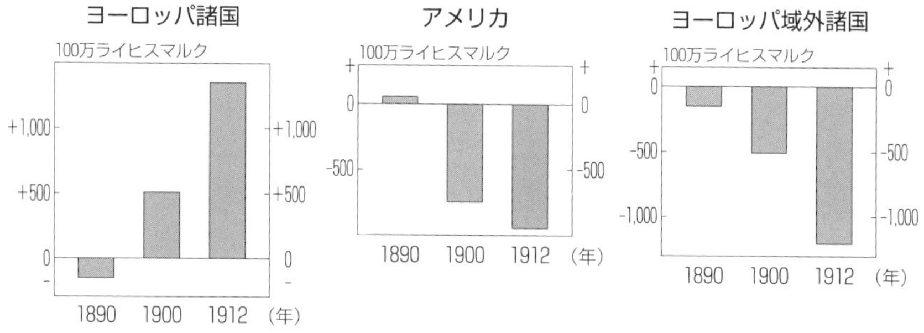

出所：Hilgerdt（1943）p.398より作成。

では，イギリスの海外投資にとって，アメリカとドイツの工業化はいかなる意味を有していたのだろうか。先述のように，イギリスの海外投資は，広大な国土を有するインド，自治領諸国，ラテン・アメリカ諸国の農業生産量を急拡大させた。しかし今や，一次産品生産諸国が置かれた状況は変化していた。すなわち，これらの諸国は，債権国イギリスのみならず，アメリカやヨーロッパ工業諸国に対しても農牧産品を輸出することができた。つまりイギリスは，自らの市場を開放し直接的に投資収益を回収せずとも，アメリカやドイツなどの工業諸国からの輸入を通して，迂回的に回収することが可能になったのである。

図表7-6はこの状況を明確に示している。目を引くのは，イギリスのヨーロッパ諸国とアメリカに対する輸入超過額が急増している点である。この理由は，イギリスはドイツから工業製品輸入のみならず，ドイツに対して輸

第**Ⅱ**部　世界の格差

入超過を有する近隣の大陸ヨーロッパ諸国からの輸入も拡大したからである。また，綿花に加え各種工業製品の輸入が拡大したため，アメリカに対する輸入超過額も急拡大した。一方，「その他諸国」（主に一次産品生産諸国）に対する輸入超過額は減少していき，20世紀初頭に輸出超過に転じている。このように，イギリスは海外投資先という点では重要度の低いアメリカやヨーロッパ諸国に対する輸入超過額を増やし，逆に重要度の高い「その他諸国」に対する輸入超過額を減らしたのである。

図表7-6　イギリスの貿易収支

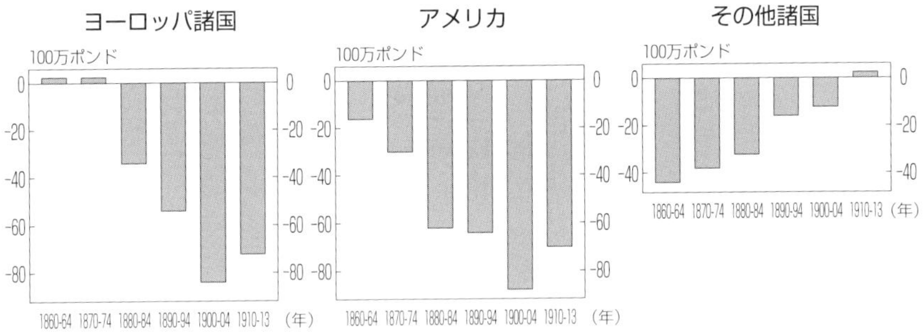

出所：Hilgerdt（1943）p.398より作成。

　以上，1870年代頃から生じたアメリカ，ドイツ，そしてイギリスの貿易収支の状況の変化についてみてきた。この変化のプロセスはその後も続き，数十年の後には主要な国を包摂する「グローバル経済」が出現した。**図表7-7**は，1910年の多角的な決済関係を示しているが，主要な大国，そして風土，人口密度，経済の発展レベルが異なる多様な国を包摂していることが確認されよう。この「グローバル経済」は，単に比較優位財の交換に基づく国際分業関係ではなく，イギリスを基軸とする多角的貿易システムをその基盤としていた。そして，先述のように，このシステムはイギリスの海外投資と密接な関係を有していたのである。

182

経済のグローバル化と格差—イギリス経済史の視点から— 第7章

図表 7-7　多角的決済関係　1910年

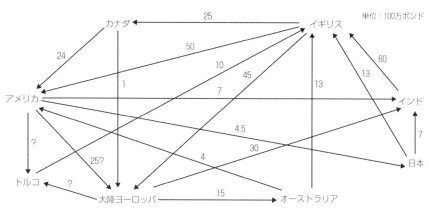

出所：ソウル（2004）p.81より作成。

③ 多角的貿易システムの構造と特質

　本節では，1．で多角的貿易システムの構造について，2．で同システムの特質について検討していく。

1．多角的貿易システムの構造

　多角的貿易システムの構造を明確にするため，**図表7-7**に出てくる国・地域を4つに分類する。

① イギリス：イギリスは19世紀末葉に「世界の工場」としての地位をアメリカとドイツに譲り，「世界の銀行」へと転身した。したがって，イギリスの経済的繁栄の基礎は，工業製品輸出からもたらされる貿易黒字ではなく，海運や保険料収入，そして何よりも海外投資収益にあった。イギリスは典型的な「成熟債権国」，あるいは「金利生活者国家」であった[6]。

② アメリカ：アメリカは1870年頃まで一次産品輸出国であったが，20世紀の幕開けと同時に工業製品の純輸出国へと転じた。ドイツとともに第二次産

183

業革命を主導し，新技術を用い，大企業体制の下で大量に生産した工業製品を世界各国に輸出していた。圧倒的な工業生産力を誇ると同時に，世界有数の農牧産品生産国でもあり，熱帯諸国を例外としてほぼすべての国・地域に対して輸出超過の関係にあった。

③大陸ヨーロッパ：イギリスを除くヨーロッパ工業諸国のことである。ドイツ，フランス，ベルギー，オランダ，北欧諸国など，経済的に発展した国が多い。特にドイツは高度に発展した工業国であったため，近隣のヨーロッパ諸国に対しては輸出超過，原料・食糧の輸入先であった一次産品輸出国に対しては輸入超過の関係にあった。

④「その他地域」：熱帯地域と温帯地域に分けることができる。前者に属する代表的な国はインドであり，後者はカナダ，オーストラリア，アルゼンチンなどの国である。それぞれの気候風土に適した農牧産品を輸出することによって，アメリカやドイツなどの工業諸国から巨額の輸出収入を得ていた。また，この地域はイギリスの主な投資先であった。

以上，4つの国・地域に分類した上で，1910年の多角的決済関係を示すと**図表7-8**のようになる。この図表によって，イギリスを出て，最終的に同国へと還流する資金の流れを確認することができる。すなわち，①イギリスは「その他地域」から貿易黒字と貿易外受取勘定（海運収入や投資収益）を通じて巨額の資金を受領する，②イギリスはこの資金を用いてアメリカや大陸ヨーロッパ工業諸国が製造する工業製品を輸入する（アメリカからは食糧・原料も），③アメリカや大陸ヨーロッパ諸国はイギリスから受け取った資金によって「その他地域」から原料・食糧を輸入する，④「その他地域」はこの資金を用いて，イギリスに対する利子・配当支払いを履行する，以上となる。つまり，イギリスを基軸とする多角的貿易システムは，〔イギリス→アメリカ・大陸ヨーロッパ諸国→「その他地域」→イギリス〕という資金の流れを大動脈とする構造を有していた。

経済のグローバル化と格差―イギリス経済史の視点から― 第章

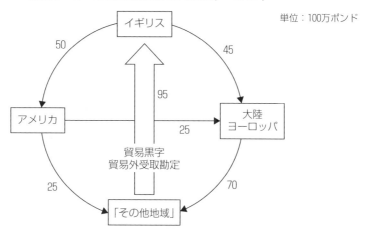

図表7-8　多角的決済関係（概観）　1910年
単位：100万ポンド

出所：平田・侘美編（1988）p.68より作成。

　この構造が同システムの基軸国であるイギリスに巨大な富をもたらしていたことは，同国の国際収支を検討することで確認できる。**図表7-9**をみると，1870～1914年を通して，イギリスの貿易収支は常に赤字で推移していることがわかる。1895年以降になると，年平均で1億ポンドを超過するようになり，20世紀初頭には1億4000万ポンド近くにまで増加している。この赤字幅の拡大は，イギリスの工業製品輸出が勢いを失う中で，アメリカや大陸ヨーロッパ諸国からの輸入が急増した結果であった。

　一方，イギリスの貿易外収支は巨額の黒字であった。1870～74年の黒字は年平均で1億ポンド程度であったが，1910～14年には2億8600万ポンドになっている。これは，海運収入が継続して流入していたこともあるが，とりわけ海外投資収益が増大したことが理由であった。具体的には，1900～14年の海外投資収益の年平均額は1億8500万ポンドにもなっている。したがって，イギリスの経常収支は常に黒字で推移していた。多角的貿易システムの本質的機能は，イギリスの投資収益の拡大再生産にあったといえよう。

185

第Ⅱ部　世界の格差

図表 7 - 9　イギリスの経常収支と新規海外投資

	輸出	輸入	貿易収支	海外投資収益	その他貿易外収支	貿易外収支	経常収支	新規海外投資
1870～74	+293	−318	−25	+45	+60	+105	+78	−71
1875～79	+258	−345	−87	+56	+62	+118	+30	−32
1880～84	+303	−375	−72	+62	+67	+129	+55	−62
1885～89	+290	−349	−59	+79	+62	+141	+80	−90
1890～94	+300	−385	−85	+94	+62	+156	+70	−59
1895～99	+305	−417	−111	+98	+58	+156	+44	−76
1900～04	+358	−496	−138	+109	+67	+176	+34	−72
1905～09	+463	−566	−102	+142	+96	+238	+133	−131
1910～14	+574	−668	−93	+185	+101	+286	+190	−198

注）単位は100万ポンド，数値は 5 ヵ年平均。
出所：尾上（1996）p.19より作成。

　ところで，19世紀末から第一次世界大戦までの時期は国際金本位制の時代
として知られているが，実際はポンドを基軸とする国際通貨体制＝ポンド体
制であった。多角的貿易システムは各国に最大限の輸出の機会を提供するた
め，対外決済に必要な金準備を極限まで減らすことが可能となる。それゆえ，
世界的な金の不足が生じることはなかったのである[7]。また，ポンド自体が
金に代わる準備資産として利用されることが多く，金の使用が節約された。
金鉱脈の発見という偶然的な要因に左右される国際金本位制が安定的に機能
していたのは，基軸通貨ポンドと，その基盤を成す多角的貿易システムが存
在していたことが理由であった。

2．多角的貿易システムの特質

　イギリスを基軸とする多角的貿易システムは，帝国（植民地や自治領）に
対する支配・搾取によって維持されていた。とりわけ，「金融」の側面に焦
点を当て，（1）多角的貿易システムの「鍵」とされた植民地インドと，（2）
国際金本位制＝ポンド体制を支えていた南アフリカ連邦（自治領）について
みていく。

(1) インド

　インドの植民地化は，イギリス東インド会社の創設（1600年）に起源を有する[8]。同社は強大な軍隊を備えており，マドラス，ボンベイ，カルカッタを拠点としてインド内陸部へと支配領域を拡大していった。1858年，インドはイギリスの直轄植民地となり（東インド会社は解散），1877年にはヴィクトリア女王がインド皇帝を兼ねることとなった。1947年に独立するまで，インドは本国のインド省と現地のインド総督（1877年以降は副王を兼務）によって統治されていくこととなる。では，多角的貿易システムにおいてインドはいかなる役割を果たしていたのだろうか。

　先に掲載した**図表7-7，7-8**では，「その他地域」からイギリスへと向かう資金の流れ9500万ポンドのうち，インド一国で6000万ポンドを占めていたことが確認できる。このうち3分の2程度は，イギリスの対印貿易黒字によるものであった。インドは世界的需要のある産品を輸出しており[9]，毎年巨額の貿易黒字を稼ぎ出すことが可能であった。**図表7-10**をみると，1890年以降のインドの貿易黒字が概ね2000〜3000万ポンドで推移しており，20世紀に入ると4000〜5000万ポンドの規模に達していることが確認できる。インドは世界各国（主にアメリカや大陸ヨーロッパ諸国）との貿易で得た輸出収入によって，繊維・金属製品輸入に伴う対英貿易赤字を決済していたのである。

　ところで，高級綿製品で知られていたインドが，多種多品目の一次産品を輸出する国へと変貌したのは，イギリスの直轄植民地となった19世紀後半以降のことである。この変化において大きな役割を果たしたのは，イギリス資本によって開発・整備された鉄道網であった。内陸部の広大な農村地域で生産される一次産品は，鉄道によりカルカッタ，ボンベイ，マドラスなどの大港湾都市に輸送され，そこから世界各国に輸出されていった。その意味では，「世界市場直結型」鉄道であり，ヨーロッパ大陸諸国の鉄道のように工業発展に資するものではなかった[10]。また，対インド鉄道投資は元利保証制度の下で行われ，イギリス人投資家は手厚く保護されていた[11]。

第II部 世界の格差

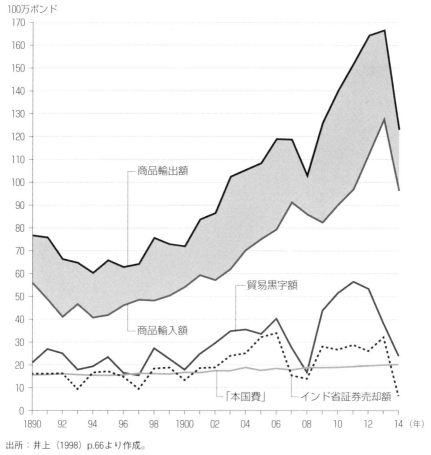

図表7-10　インドの貿易収支とインド証券売却額の推移

出所：井上（1998）p.66より作成。

　イギリスは対印貿易において巨額の黒字を稼ぎ出す一方で、「本国費」（home charge）を徴収していた。これは商業取引から生じた代金というよりは、植民地的な「貢納」と呼べるものであった。具体的には、利子・配当、鉄道・灌漑事業に関わる年譜金、行政費、軍事関連の費用（現役兵士に対する給与、退役兵に対する年金、備蓄食料や資材の購入費）などであった。「本国費」は、第一次世界大戦前には年間2000万ポンド程度で推移したが（**図表7-10**）、大

経済のグローバル化と格差―イギリス経済史の視点から― 第7章

戦後には3000万ポンドを超えた。

　さらに，イギリスはインドの通貨制度も自国（とりわけシティ金融利害）に有利な形に再編していった。1893年，イギリスはインドの通貨制度を銀本位制から金本位制に転換するが，これは以下のような意味があった。すなわち，インドは主要輸出先であるアメリカやヨーロッパ工業諸国と同じ金本位制を導入することで，貿易を安定的に行う条件を整えたのである。先述のように，インドが稼ぎ出す輸出収入はイギリスの対印貿易黒字と「本国費」の源泉となっており，通貨制度の再編はインドからイギリスへと向かう資金の流れを担保するという，重要な意味を有していた（井上 1998, p.50）。

　以上のように，イギリスはさまざまな手段を使ってインドが生み出す富を吸い上げていた。まさにこの結果が，後者から前者へと向かう6000万ポンドの資金の移転だったのである。イギリスは，インドから定期的にもたらされる巨額な資金を用いて，自治領諸国にとどまらず，比較的リスクの高い国に対する投資も積極的に行っていた。いわば，植民地インドはイギリス国際収支上の「安全弁」として機能していたといえよう（井上 1998, p.141）。インドはまさに多角的貿易システムの「鍵」だったのである。

(2)　南アフリカ

　南アフリカの発展は，1652年にオランダ東インド会社が航路上の寄港地としてケープタウンを建設したことから始まった[12]。オランダ人の定住が進んでいたケープタウンはナポレオンによる侵略を受けた後，1795年にはイギリスに占領されることとなった。その後，オランダ人は大移動（Great Trek）を開始し，ナタール共和国，トランスヴァール共和国，オレンジ自由国を建設した。一方，ケープ植民地は1872年に自治権を与えられ，1891年には現地で帝国主義者として暗躍していたローズ（C. Rhodes）が首相となった。

　しかし，イギリスの南アフリカ支配が本格化するのは，1886年にトランスヴァール共和国内のヴィトヴァータースラント（ラント）で金鉱床が発見されてからである。イギリスは金とダイヤモンドの利権を求め，南アフリカ戦

189

争（1899〜1902年）を起こしオレンジ自由国とトランスヴァール共和国を支配下に置いた。そして，1910年には，これら2国にケープ植民地とナタール植民地を加え，南アフリカ連邦を成立させ自治領とした。これに伴い，イギリスの南アフリカからの金輸入は急増していく（**図表7-11**）。

　金本位制とは金を本位貨幣とする通貨体制である。したがって，産金国にとって有利な制度になるはずである。というのも，金を裏付けとして大量の通貨を発行することが可能であり，また，金との交換で，あるいは金を担保として外貨を入手することも可能だからである。しかし，イギリスに占領されたトランスヴァール共和国や，それを包摂したケープ植民地，そして自治領となった南アフリカ連邦も，イギリスからの自治権を与えられていたにもかかわらず，産金国としての利益を享受することはなかった。なぜであろうか。

　ラントで生産される新産金は「未精錬金」，あるいは「原産地金」と呼ばれ（井上 1998, p.129），国際決済手段としての金ではなく，一般の商品と

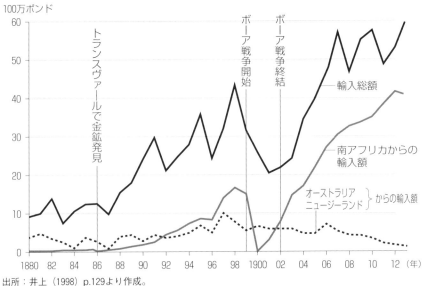

図表7-11　イギリスの金輸入額の推移

出所：井上（1998）p.129より作成。

同等に扱われた。「未精錬金」は，南アフリカの港湾都市ケープタウン，またはダーバンからロンドンに輸送され，ロスチャイルド商会直営の会社によって精錬された（井上 1998, pp.129-130）。この精錬された金は「ケープ金塊」または「月曜金塊」と呼ばれ，毎週月曜にロンドン公開市場において競売にかけられた（井上 1998, p.130）。この段階でようやく南アフリカの金は貨幣用の金となるのである。

ところで，国際金本位制を統括するイギリスの金準備は非常に少なかったという[13]。その理由は，イングランド銀行は金融政策（バンク・レートの調整）によって，海外にある金を機動的に確保できたからである（井上 1998, pp.131-132）。また，イギリスが金をいつでも調達できるという状況が，諸外国のポンドに対する信用を高めていた。ポンドは金と同等の地位を占めていたのであり，かかる地位の確立・維持において南アフリカの金は重要な役割を果たしていたのである。

4 おわりに

本章では，パックス・ブリタニカの時代に進行した経済のグローバル化について検討した。具体的には，19世紀末葉に出現した「グローバル経済」の土台をなしていた多角的貿易システムの形成過程，および構造と特質について明らかにした。このシステムは，イギリスの投資収益の迂回的な回収経路としての構造を有していたが，富の偏在を生み出していたのは，帝国に対する（とりわけ金融的）支配であった。したがって，国家間，当時は列強と植民地間の格差が拡大したのである。

一方，第二次世界大戦後に形成され20世紀末から21世紀初頭に全盛期を迎えたアメリカを基軸とする「グローバル経済」においては，多国籍企業や各種金融機関・組織（とりわけ投資銀行やヘッジファンド）が富の偏在を生み出す主要な原因になっている。交通・通信技術のさらなる進歩や規制緩和によって多国籍企業が調達する労働力は国籍を問わなくなり，投資銀行やヘッ

ジファンドのビジネスは全世界を対象としている。それゆえ，格差の拡大は国内外を問わないものとなっている。

アメリカがブレトン・ウッズ会議を開催し，現在のグローバリゼーションの土台を構築してから80年近い歳月が経過した。近年のコロナ禍は，生産・流通ネットワークにダメージを与え，「グローバル経済」の脆弱性を露わにした。また，米欧日のロシアに対する経済制裁は，制裁を課した側にも影響が及び，とりわけ経済基盤が脆弱な社会層に大きなダメージを与えている。アメリカを基軸とするグローバルな経済体制が過渡期を迎え，しばらくは混沌とした状況が続くことが予想される。歴史的視座から冷静に現状を分析し，未来を予想することが必要だと思われる。

注

1) 国際連盟経済情報局の研究者ヒルガート（F. Hilgerdt）は，200ほどの国（統計領域）の組合せを一覧表にした結果，単一の世界的な貿易ネットワークの存在を発見した。多角的貿易システム論については，本山（1979）と国際連盟経済情報局（2021）第14章を参照されたい。

2) 最恵国条項とは最恵国原則を規定した条項である。これは，条約締結当事国が相互に与える関税率引下げ等の譲許が，第三国にも自動的に与えられるという原則である（佐々木 1997, p.30）。

3) 1842年8月，イギリスは清との間に南京条約を結び，香港を割譲させ，広州，福州，厦門，寧波，上海を条約港として開港させた。これらの港には領事館が設置され，中国の独占商人団である公行も廃止された。また，1943年10月の虎門寨追加条約では最恵国待遇も規定され，中国は不平等条約を通じて自由貿易政策の採用を強制されることとなった。以上は松村・富田編著（2000）p.499を参照。

4) ロンドンにはマーチャント・バンクの他にも，英系海外銀行やクリアリング・バンク（預金銀行）などの巨大銀行が存在していた。前者は貿易金融，後者は国内金融（手形割引や短期貸付）を主な業務としていたが，アンダーライティング（引受業務）のようなリスクを分散させる金融技術の発展により，19世紀末には外債の発行業務も積極的に行うようになった（上川・矢後編 2007, pp.286-291）。

5)「新入植地域」（regions of recent settlement）は，「最近入植地」や「新開入植地」と訳される場合もあり，訳語は定着していない。いずれにせよ，アメリカ，カナダ，オーストラリア，ニュージーランド，南アフリカ，アルゼンチンなど，ヨーロッパ人が入植した諸国のことである。

経済のグローバル化と格差—イギリス経済史の視点から— 第7章

6) 国際収支発展段階説によると，各国は経済発展に伴い，①未成熟な債務国→②成熟した債務国→③債務返済国→④未成熟な債権国→⑤成熟した債権国→⑥債権取崩し国の6段階を経るとされる（明治安田生命保険相互会社編 2011，p.229）。
7) カリフォルニア（1848年）とオーストラリア（1852年）で金が発見され，世界的に金の供給が増えたことも理由の1つである。
8) インドの植民地化については，松村・富田編著（2000）p.353を参照。
9) 例えばインディゴは，19世紀末に合成染料が普及するまで，世界的需要のある産品であった。また，ジュートは輸送用袋の主な原料であったため，貿易量の増大とともに需要は急拡大していった。
10) インドの鉄道は嵩張る農産物を輸送するため，標準軌（1,535ミリ）よりも一回り大きな広軌（1,676ミリ）を採用していた。これに伴い，特注の大型鉄道車両を使用する必要があり，インドの鉄道経営は常に赤字状態であった（秋田 2012, p.112）。
11) 元利保証制度とは鉄道建設にあたる会社の設立と運営を容易にするために，本国のインド省が，払い込まれた鉄道会社の資本全額の保全と，年5％の利子支払いを営業成績に関係なく自動的に保証するという制度であった（秋田 2012, p.110）。
12) 南アフリカの歴史については，松村・富田編著（2000）p.702を参照。
13) 1890年におけるイングランド銀行の金準備は1000万ポンドを少し超える程度であったという（佐伯 2003, p.180）。これは，国際金本位制の統括者として振る舞うにはまったく不十分な準備であったし，国内銀行の「最後の貸し手」の任にも耐えうる額ではなかった。

参考文献

秋田茂（2012）『イギリス帝国の歴史—アジアから考える』中公新書。
井上巽（1998）『金融と帝国』（第3刷）名古屋大学出版会。
尾上修悟（1996）『イギリス資本輸出と帝国経済—金本位制下の世界システム』ミネルヴァ書房。
上川孝夫・矢後和彦編（2007）『新・国際金融テキスト2　国際金融史』有斐閣。
北川勝彦他編（2017）『概説　世界経済史』昭和堂。
ケンウッド, A.G. & ロッキード, A.L.（1985）『国際経済の成長 1820-1960』文眞堂。
国際連盟経済情報局（佐藤純訳）（2021）『世界貿易のネットワーク』創成社。
佐伯尤（2003）『南アフリカ金鉱業史—ラント金鉱発見から第二次世界大戦勃発まで』新評論。
佐々木隆雄（1997）『アメリカの通商政策』岩波新書。
スティーガー, M.B.（櫻井公人他訳）（2017）『新版　グローバリゼーション』岩波書店。

ソウル，S.B.（久保田英夫訳）（2004年）『イギリス海外貿易の研究』（第 8 刷）文眞堂。

バジョット，W.（久保恵美子訳）（2011）『ロンバード街』日経BP社。

バーンスタイン，P.（鈴木主税）（2005）『ゴールド―金と人間の文明史』日経ビジネス人文庫。

平田喜彦・侘美光彦（1988）『世界大恐慌の分析』有斐閣。

ファイス，H.（柴田匡平訳）（1992）『帝国主義外交と国際金融』筑摩書房。

松村赳・富田虎男編著（2000）『英米史辞典』研究社。

本山美彦（1979）「多角的貿易の型の発展―解説にかえて」ヒルガート，F.（山口和男他訳）『工業化の世界史―1870-1940年までの世界経済の動態』ミネルヴァ書房，補論。

マディソン，A.（金森久雄監訳）（2004）『経済統計で見る世界経済2000年史』柏書房。

宮崎犀一・奥村茂次・森田桐郎編（1981）『近代国際経済要覧』東京大学出版会。

明治安田生命保険相互会社編（2011）『経済・金融プロフェッショナル用語辞典』日経BP社。

Hilgerdt, F.（1943）The Case for Multilateral Trade, *The American Economic Review*, 33⑴, Part 2, Supplement, Mar., pp.393-407.

Humphreys, R.（2008）*The Rough Guide to London*, Rough Guides.

Northrup, C.C.（2005）*Encyclopedia of World Trade; From Ancient Times to the Present*, 3, Sharpe Reference.

Olson, J.S. and R. Shadle（1996）*Historical Dictionary of the British Empire A-J*, Greenwood Press.

第 **8** 章

アメリカの格差と
再分配

第Ⅱ部　世界の格差

1 はじめに

　本章ではアメリカにおける経済格差の現状を学ぶ。1980年代以降，多くの先進国で経済格差が拡大している。その中でアメリカは経済格差や貧困の最も大きい国の1つである。

　本章は財政による再分配に注目している。現代の財政は税制や社会保障制度を通じて所得や富の再分配を行い，市場メカニズムで生じる経済格差を是正している。そこで，一国の経済格差について理解する上で財政による再分配に注目する必要がある。

　経済格差や再分配のあり方は国によってさまざまである。そこで本章では国際比較の視点からみたアメリカの特徴を把握する。

　2ではアメリカにおける経済格差の現状を学ぶ。3ではアメリカにおける機会の格差について学ぶ。4ではアメリカの財政による再分配について，その再分配効果だけでなく，再分配を担う税制と社会保障支出の特徴も学ぶ。

2 アメリカの経済格差

1．経済格差の現状

　アメリカでは1980年代から所得格差が拡大している。課税・給付後所得のジニ係数をみると，1979年から2018年にかけて0.352から0.437に上昇している（図表8-1）。所得格差の拡大は情報通信技術などの技術革新，グローバル化，政治の右傾化，大企業経営者の高額報酬，労働力人口の増加，学歴の伸び悩み，金融産業の成長などの複合的な要因によって生じている（ピケティ 2014, Krueger 2012, Lindert and Williamson 2016, pp.206, 219-241など参照）。

アメリカの格差と再分配　第**8**章

図表8-1　アメリカにおける所得格差

| | ジニ係数 | 所得占有率（%） | | | | | | | | |
		第1五分位	第2五分位	第3五分位	第4五分位	第5五分位	81〜90%	91〜95%	96〜99%	上位1%
1979	0.352	7.8	12.3	16.4	22.1	41.8	14.6	9.3	10.5	7.4
1984	0.396	6.7	11.3	15.8	22.0	45.0	14.9	9.5	11.1	9.5
1989	0.409	6.3	10.9	15.6	21.6	46.5	14.7	9.5	11.4	11.0
1994	0.389	7.0	11.3	15.8	21.8	45.0	14.7	9.5	11.3	9.6
1999	0.427	6.7	10.4	14.6	20.2	48.8	13.9	9.3	11.7	13.9
2004	0.427	6.8	10.8	14.8	20.4	48.2	14.0	9.2	11.4	13.5
2009	0.413	7.2	11.4	15.4	21.2	46.5	14.5	9.5	11.3	11.3
2014	0.433	7.3	10.9	14.5	20.3	48.5	14.0	9.5	11.8	13.3
2018	0.437	7.5	10.7	14.4	20.0	49.0	14.0	9.5	11.9	13.5

注1）課税・給付後所得のジニ係数と所得占有率を示している。
注2）課税・給付後所得は，市場所得に社会保険給付を加えた課税・給付前所得に資産調査付給付（連邦，州，地方の現金・現物給付）を加え，連邦税を控除した所得。
出所：Congressional Budget Office（2021a），Data Underlying Exhibit 26, Supplemental Data Table 10より作成。

　所得格差の拡大は上位1％の富裕層に所得が集中する形で起きている。1979年から2018年における課税・給付後所得の所得占有率（各所得階層の所得が全体の所得に占める割合）を五分位別でみると，第1五分位〜第4五分位の所得占有率が低下している一方，第5五分位の所得占有率は上昇している（**図表8-1**）。さらに第5五分位内の所得占有率を百分位別でみると，上位1％の所得占有率は7.4％から13.5％に大きく上昇している。2018年における所得占有率は第1五分位7.5％，第2五分位10.7％，第3五分位14.4％，第4五分位20％，第5五分位49％であり，上位1％では13.5％である。このようにアメリカにおける所得分配は上位1％の富裕層に集中している[1]。

　上位1％はどれくらいの所得を得ているのだろうか。2018年における各所得階層の平均所得（課税・給付後所得）をみると，第1五分位3万7,700ドル，第2五分位5万1,800ドル，第3五分位7万1,100ドル，第4五分位9万9,200ドル，第5五分位24万3,900ドル，上位1％139万7,400ドル，全世帯9万8,600ドルである（Congressional Budget Office 2021a, Supplemental Data

第**Ⅱ**部 世界の格差

Table 3）。このように上位 1 ％の富裕層は第 1 五分位の37倍，全世帯平均の14倍に相当する高額の所得を得ている。

上位 1 ％には高額報酬を得ている大企業の経営者が多い[2]。アメリカでは企業統治のあり方として株主の利益が重視され，株価を上げることが重要な経営目標とされている。大企業の経営者は報酬の大部分を株価と連動する形態で受け取ることによって，高額の役員報酬を得ている。アメリカにおける売上高上位350社の最高経営責任者が2019年に得た平均的な報酬は2035万ドルであり，民間労働者（生産および非管理職）の平均給与の346倍に相当する（Mishel and Kandra 2021, p.6）。

アメリカでは資産格差も拡大している（**図表 8 - 2**）。純資産のジニ係数をみると，1983年から2019年にかけて0.799から0.869に上昇している。また，純資産占有率をみると，第 5 五分位の占有率は81.3％から88.9％に上昇している。上位 1 ％の占有率も33.8％から38.2％に上昇している。富裕層の占有率が上昇している一方，第 4 五分位以下の各階層の占有率はいずれも低下している。このように，所得と同様に資産においても富裕層への集中が進む形で格差が拡大している。

図表 8 - 2　アメリカにおける資産格差

	ジニ係数	純資産占有率（％）					
		第 1 五分位	第 2 五分位	第 3 五分位	第 4 五分位	第 5 五分位	上位1％
1983	0.799	-0.3	1.2	5.2	12.6	81.3	33.8
1989	0.828	-0.7	0.9	4.7	12.0	83.0	35.2
2001	0.826	-0.4	0.7	3.9	11.3	84.4	33.4
2007	0.834	-0.5	0.7	4.0	10.9	85.0	34.6
2010	0.866	-1.2	0.3	2.7	9.5	88.6	35.1
2016	0.877	-0.8	0.3	2.4	8.2	89.9	39.6
2019	0.869	-0.8	0.4	2.9	8.6	88.9	38.2

出所：Wolf（2021）p.48より作成。

経済格差の拡大に伴い中間層は衰退している。ピュー研究所は，中位所得の3分の2～2倍の所得層を中間層として分析し，1971年から2021年にかけて成人人口に占める中間層の割合が61％から51％に低下した一方，低所得層の割合は25％から29％，高所得層の割合は14％から21％に上昇したことを明らかにしている（Pew Research Center 2022b）。この分析は1970年から2020年にかけて中間層の所得占有率が62％から42％に低下した一方，高所得層の所得占有率は29％から50％に上昇したことも明らかにしている。

このように中間層が没落していく中，学歴の低い白人労働者は良い人生の展望を失っている。学士号をもたない非ヒスパニック白人中年（45～54歳）の間で自殺，薬物中毒，アルコール過剰摂取による肝疾患を死因とする「絶望死」が1990年代後半から増えている（ケース，ディートン2021）。

一部の富裕層に所得や資産が集中する一方，貧困状態にある人々は少なくない。2020年において全人口の11.4％を占める3725万人が連邦政府の定める貧困線を下回る所得で生活している（**図表8-3**）。連邦政府の貧困線は家族

図表8-3　アメリカにおける貧困率

出所：Shrider, et al.（2021）p.56より作成。

規模に応じて設定されており、例えば64歳以下の1人世帯は1万3,465ドル、18歳未満の子どもが1人いる3人世帯は2万832ドルに設定されている (Shrider, et al. 2021, p.51)。

貧困率（連邦政府の定める貧困線を下回る世帯人口が全人口に占める割合）は、1970年代初頭にかけて大幅に低下したが、その後は景気変動に伴い上下しつつ、13％前後で推移している（**図表8-3**）。しかし、2015年から5年連続で低下していた貧困率は、新型コロナウイルス感染症パンデミックによる景気後退によって2020年に2019年の10.5％から1ポイント上昇した。

貧困率には人種や性別で差がある。黒人とヒスパニックの貧困率は全体の貧困率を上回り、白人とアジア系よりも高い（**図表8-4**）。女性の貧困率も全体の貧困率を上回り、男性よりも高い。このように本人の能力や努力とは関係のない人種や性別が貧困リスクに関わる重要な要因になっている。

さらに、学歴による貧困率の差も大きい。学歴が低くなるほど貧困率が高くなり、特に高卒未満の者の貧困率は高い（**図表8-4**）。アメリカにおいて

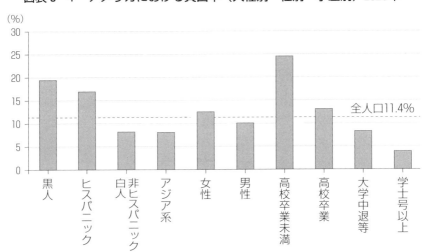

図表8-4　アメリカにおける貧困率（人種別・性別・学歴別）2020年

出所：Shrider, et al. (2021) p.53より作成。

アメリカの格差と再分配　第**8**章

高い学歴を得るには家庭の経済状況が重要である。ペル研究所とペンシルベニア大学の共同研究によれば，被扶養者が24歳までに学士号を取得している家庭の割合は家庭の所得が高くなるほど高く，所得階層の第1四分位で15％，第2四分位で25％，第3四分位で40％，第4四分位で59％である（The Pell Institute 2022, p.195）。学歴もまた必ずしも本人の能力や努力だけで決まるわけではない。

　2020年からの新型コロナウイルス感染症パンデミックの中，低所得層はより大きな経済的打撃を受けた。低所得層の多くは不安定な形態で就労しているため，景気変動の影響を大きく受ける。ピュー研究所によれば，2020年に失業を経験した人の割合は成人人口全体15％，高所得層7.8％，中所得層13.8％であった一方，低所得層では28.2％であった（Pew Research Center 2022a）。

2．国際比較からみたアメリカの経済格差

　経済格差や貧困の規模は国によって多様である。国際比較の視点からみると，アメリカは「格差大国」であり「貧困大国」である。

　OECD加盟国の中でアメリカは経済格差が最も大きい国の1つである。所得格差をみると，アメリカのジニ係数（0.39）はOECD平均値（0.31）を上回り，OECD加盟36か国の中で4番目に大きい（**図表8-5**）。

　資産格差をみてもアメリカにおける上位10％占有率（79.1％）は比較可能なOECD加盟28か国の中で最も大きく，OECD平均値（51.7％）を大幅に上回る（**図表8-6**）。

　アメリカは経済格差だけでなく貧困も大きい。アメリカの相対的貧困率（18％）はOECD平均値（11.6％）を大きく上回り，OECD加盟36か国の中で最も大きい（**図表8-7**）。

201

第Ⅱ部 世界の格差

図表8-5 OECD加盟国の所得格差 2019年

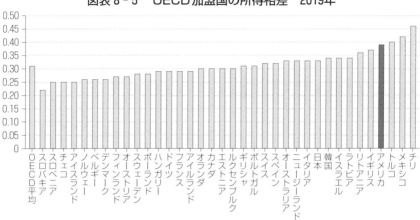

注1）可処分所得のジニ係数を示している。
注2）チリ，アイスランドは2017年，オーストラリア，デンマーク，フィンランド，ドイツ，アイルランド，イタリア，日本，メキシコ，ポーランド，トルコは2018年。
出所：OECD. Stat, *Income Distribution Database*より作成（https://stats.oecd.org/Index.aspx?DataSetCode=IDD）（2022年7月29日参照）。

図表8-6 OECD加盟国における資産の上位10%占有率 2017年

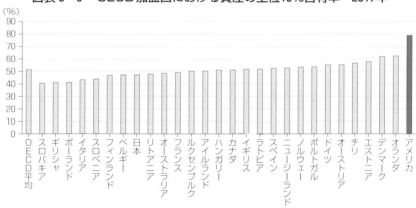

注1）フィンランド，イタリア，リトアニア，ポーランドは2016年，オーストラリア，ギリシャ，アイルランド，ルクセンブルク，ニュージーランド，ノルウェーは2018年，カナダ，デンマーク，日本，オランダ，アメリカは2019年。
注2）OECD平均は表示している28か国の平均。
出所：OECD. Stat, *Wealth Distribution*より作成（https://stats.oecd.org/Index.aspx?DataSetCode=IDD）（2022年7月29日参照）。

図表 8-7　OECD加盟国の相対的貧困率　2019年

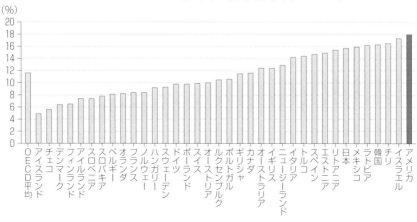

注1）チリ，アイスランドは2017年，オーストラリア，デンマーク，フィンランド，ドイツ，アイルランド，イタリア，日本，メキシコ，ポーランド，トルコは2018年。
出所：図表8-5に同じ。

アメリカの機会格差

　歴史的にみるとアメリカの人々は，所得や資産の格差に対して強い不満を抱いてきたわけではなく，それよりも機会の平等を重視してきた（パットナム 2017, pp.41-45）。誰もが出自にかかわらず機会を与えられ，勤勉に働くことでより豊かな生活を送ることができるという「アメリカン・ドリーム」は，アメリカにおいて党派を超えて広く支持される理想である。

　主要先進国の中でアメリカでは，若い世代は親よりも豊かになることができると考えている人が比較的多い。2016年に行われた国際比較調査によれば，「現在の若年世代の暮らしは親よりも良くなるか，悪くなるか，同じくらいか」という質問に対して「良くなる」という回答の割合はアメリカ39％，イタリア34％，ドイツ32％，日本28％，スウェーデン27％，イギリス22％，フランス10％であった（Rahman and Tomlinson 2018, p.10）[3]。

しかし，アメリカにおいて子どもが親よりも豊かな生活を手にするのは難しくなっている。親と子の所得を30歳時点で比較したチェティ等の研究によれば，親より高い所得を得る子どもの割合は1940年生まれの子どもで92%であったが，1984年生まれの子どもでは50%まで低下している（**図表8-8**）。

アメリカでは貧困な家庭の子どもは大人になっても貧困になる可能性が高く，裕福になるのは難しい。親と子の間における所得階層間の移動性を示す世代間移動性を5か国（アメリカ，イギリス，フランス，イタリア，スウェーデン）で比較したアレシナ等の研究によれば，アメリカでは最下層の家庭の子どもが大人になっても最下層にとどまる確率が最も高く，最下層の家庭の子どもが大人になり最上層に到達する確率は最も低い（**図表8-9**）。

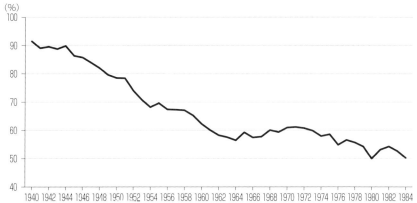

図表8-8　親より高い所得を得る子どもの割合

出所：Chetty, et al. (2017), Opportunity Insight, Online Data Table1より作成（https://opportunityinsights.org/paper/the-fading-american-dream/）（2022年5月21日参照）。

アメリカでは経済格差の拡大に伴って世代間移動性が低下しているわけではない。1971年生まれの子どもと1993年生まれの子どもの間で世代間移動性はほとんど変わらず，例えば，最下層（第1五分位）の家庭に生まれた子どもが大人になったとき（26歳）に最上層（第5五分位）に到達する確率は

アメリカの格差と再分配　第**8**章

図表 8 - 9　主要先進国の世代間移動性

(%)

	アメリカ	イギリス	フランス	イタリア	スウェーデン
最下層から最上層	7.8	11.4	11.2	10.4	11.1
最下層から第4五分位	12.7	12.9	12.8	15.6	17.3
最下層から第3五分位	18.7	19.9	23.0	21.0	21.0
最下層から第2五分位	27.7	25.1	23.8	25.8	23.8
最下層から最下層	33.1	30.6	29.2	27.3	26.7

注）最下層の親の子どもが大人になり属する所得階層の確率を示している。
出所：Alesina, et al.（2018）p.532より作成。

1971年生まれの子どもで8.4％であり，1986年生まれの子どもで9％である（Chetty, et al. 2014a）。

　地域の視点からみると，アメリカの世代間移動性は地域によって大きく異なる。最下層（第1五分位）の家庭の子どもが大人になったときに最上層（第5五分位）に到達する確率をみると，サンノゼで育った子どもは13％である一方，シャーロットで育った子どもは4％にとどまる（**図表8-10**）。このよ

図表 8-10　アメリカの50大都市圏における世代間移動性

順位	通勤圏	最下層から最上層に到達する確率（%）	順位	通勤圏	最下層から最上層に到達する確率（%）
1	サンノゼ（カリフォルニア州）	12.9	41	クリーブランド（オハイオ州）	5.1
2	サンフランシスコ（カリフォルニア州）	12.2	42	セントルイス（ミズーリ州）	5.1
3	ワシントン D.C.	11.0	43	ローリー（ノースカロライナ州）	5.0
4	シアトル（ワシントン州）	10.9	44	ジャクソンビル（フロリダ州）	4.9
5	ソルトレークシティ（ユタ州）	10.8	45	コロンバス（オハイオ州）	4.9
6	ニューヨーク（ニューヨーク州）	10.5	46	インディアナポリス（インディアナ州）	4.9
7	ボストン（マサチューセッツ州）	10.5	47	デイトン（オハイオ州）	4.9
8	サンディエゴ（カリフォルニア州）	10.4	48	アトランタ（ジョージア州）	4.5
9	ニューアーク（ニュージャージー州）	10.2	49	ミルウォーキー（ウィスコンシン州）	4.5
10	マンチェスター（ニューハンプシャー州）	10.0	50	シャーロット（ノースカロライナ州）	4.4

注1）親の所得階層が最下層（第1五分位）の子どもが大人になったとき（30歳）に最上層（第5五分位）に到達する確率を示している。
注2）子どもの地域は16歳時点の居住地に割り当てられている。
注3）人口の多い50の通勤圏のうち上位10位と下位10位を示している。
出所：Chetty, et al.（2014b），Chetty（2016）より作成。

205

第Ⅱ部　世界の格差

うに、アメリカにおいて大人になったときに裕福になる確率は子どもの頃に住む地域によって異なる。

アメリカン・ドリームは衰退している。アメリカは所得や資産の格差という結果の格差だけでなく機会の格差も大きい。

アメリカの財政による再分配

1. アメリカ財政の再分配効果

アメリカでは財政を通じた再分配によって所得分配がどのように変化しているのだろうか。財政（連邦税と資産調査付給付［連邦、州、地方の現金・現物給付］）を通じた再分配による所得の変化を所得階層ごとにみると、第1五分位と第2五分位は増加しているのに対して、第3五分位から第5五分位は減少している（**図表8-11**）。また、所得の変化率をみると、所得階層が高くなるほど減少率が大きい。このようにアメリカでは財政を通して中・高

図表8-11　アメリカの財政による再分配　2018年

(ドル、%)

所得階層	課税・給付前所得	課税・給付後所得	変化率
第1五分位	22,500	37,700	67.6
第2五分位	48,600	51,800	6.6
第3五分位	77,500	71,100	-8.3
第4五分位	117,100	99,200	-15.3
第5五分位	321,700	243,900	-24.2
81～90%	172,400	138,800	-19.5
91～95%	239,600	187,900	-21.6
96～99%	396,300	301,100	-24.0
上位1%	1,999,200	1,397,400	-30.1

注1）各所得階層の平均所得を示している。
注2）課税・給付後所得は、市場所得に社会保険給付を加えた課税・給付前所得に資産調査付給付（連邦、州、地方の現金・現物給付）を加え、連邦税を控除した所得。
出所：Congressional Budget Office (2021a) Supplemental Data Table 3より作成。

206

所得層から低所得層へと所得移転が行われている。その結果として所得格差が縮小し、ジニ係数は課税・給付前所得の0.521から課税・給付後所得では0.437に低下している[4]。

　国際比較の視点からみると、アメリカでは所得格差を縮小することが政府の責任であると考える人が諸外国に比べて突出して少ない（**図表8-12**）。アメリカの人々のこうした意識は財政に反映されており、アメリカ財政の再分配効果は比較的小さい。財政（課税［所得税および社会保障負担の本人負担分］と公的現金給付）を通じた再分配によって所得格差がどれくらい縮小しているかを市場所得から可処分所得へのジニ係数の低下率でみると、アメリカの値（21.8％）はOECD平均値（32.5％）を大幅に下回り、OECD加盟37か国の中で7番目に小さい（**図表8-13**）。また、再分配によって貧困がどのくらい削減されているかを再分配前後での相対的貧困率の低下率でみると、アメリカの値（33.9％）はOECD平均値（57.7％）を大幅に下回り、OECD加盟37か国の中で6番目に小さい（**図表8-14**）。このようにアメリカでは所得格差を是正することが政府の役割として重視されておらず、財政の再分配効果は小さい。

図表8-12　所得格差の縮小が政府の責任であると考える人の割合　2017年

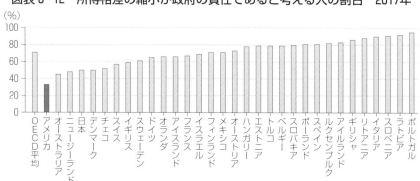

注）OECD平均は表示している32か国の平均。
出所：OECD（2021）p.80より作成。

第II部 世界の格差

図表 8-13 OECD加盟国における財政の所得格差縮小効果 2019年

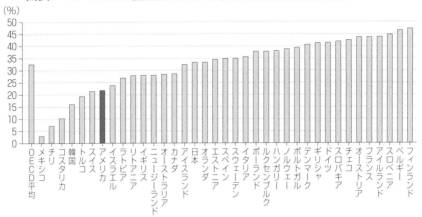

注1) 市場所得から可処分所得へのジニ係数の低下率を示している。
注2) チリ、アイスランドは2017年、オーストラリア、デンマーク、フィンランド、ドイツ、アイルランド、イタリア、日本、メキシコ、ポーランド、トルコは2018年。
出所：図表8-5に同じ。

図表 8-14 OECD加盟国における財政の貧困削減効果 2019年

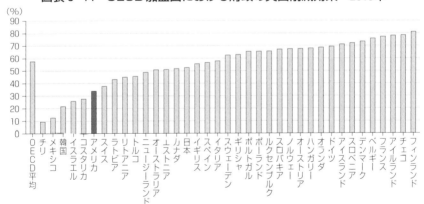

注1) 再分配前（課税［所得税および社会保障負担の本人負担分］・公的現金給付前）から再分配後（課税［所得税および社会保障負担の本人負担分］・公的現金給付後）への相対的貧困率の低下率を示している。
注2) チリ、アイスランドは2017年、オーストラリア、デンマーク、フィンランド、ドイツ、アイルランド、イタリア、日本、メキシコ、ポーランド、トルコは2018年。
出所：図表8-5に同じ。

2．アメリカ税制の構造

　負担の面から再分配を担うアメリカの税制はどのような特徴を備えているのだろうか。租税・社会保障負担率（対GDP比）と税収構成の観点からみたアメリカ税制の特徴として，①租税・社会保障負担が比較的軽い，②税制の中軸が個人所得税である，という2点があげられる（**図表8-15**）。アメリカの租税・社会保障負担率（25％）はOECD平均（33％）より大幅に低い。アメリカは先進国の中で例外的に付加価値税を課税していないため，特に消費課税の負担が軽い。一方，アメリカの個人所得税は負担率も総税収に占める割合もOECD平均より高い。

図表8-15　租税構造の国際比較　2019年

(%)

	個人所得税	法人所得税	消費課税	付加価値税	資産課税	社会保障負担	合計	順位
アメリカ	10.3 41.1	1.3 5.4	4.4 17.5	0.0 0.0	2.9 11.5	6.1 24.5	25.0 100.0	32
デンマーク	24.3 52.1	3.1 6.7	14.1 30.3	9.3 20.1	2.0 4.3	0.0 0.1	46.6 100.0	1
スウェーデン	12.3 28.7	3.0 7.0	12.1 28.2	9.1 21.3	0.9 2.2	9.2 21.4	42.8 100.0	3
フランス	9.3 20.7	2.2 4.9	12.4 27.6	7.1 15.9	3.9 8.7	14.8 33.0	44.9 100.0	2
ドイツ	10.6 27.4	2.0 5.2	10.3 26.6	7.0 18.2	1.1 2.9	14.6 37.9	38.6 100.0	12
イタリア	11.0 25.8	2.0 4.6	12.0 28.3	6.2 14.7	2.4 5.7	13.3 31.2	42.4 100.0	6
日本	5.9 18.8	3.8 12.0	6.2 19.7	4.1 13.2	2.6 8.2	12.9 41.1	31.4 100.0	25
カナダ	12.2 36.0	4.2 12.3	7.7 22.8	4.5 13.3	3.9 11.4	4.7 13.9	33.8 100.0	21
イギリス	9.0 27.6	2.3 7.0	10.7 32.8	7.0 21.3	4.1 12.4	6.5 19.7	32.7 100.0	23
OECD平均	8.0 23.5	3.0 9.6	10.8 32.6	6.7 20.3	1.8 5.5	8.9 25.9	33.4 100.0	—

注1）各国の値の上段は税収の対GDP比，下段は税収の総税収に占める割合を示している。
注2）「合計」は表示されていない税目を含む。
注3）順位は「合計（対GDP比）」についてOECD加盟38か国を降順で並べた順番。
注4）OECD平均は加盟38か国の平均。
出所：OECD (2021) *Revenue Statistics 1965-2020*より作成（https://www.oecd-ilibrary.org/sites/6e87f932-en/index.html?itemId=/content/publication/6e87f932-en）（2022年10月16日参照）。

第**Ⅱ**部　世界の格差

　アメリカでは所得階層間で租税負担がどのように配分されているのだろうか（**図表8−16**）。連邦税の負担は累進的であり，所得が高くなるほど税負担が重い。その主な要因は連邦税制の中軸として連邦政府収入の50％程度を占める個人所得税の負担の累進性である[5]。一方，個人所得税に次いで連邦政府収入の35％程度を占め，社会保険の財源となる給与税の負担は，第4五分位まで緩やかに累進的であるが，第5五分位では負担が軽くなる[6]。

図表8−16　アメリカにおける租税負担構造

(%)

所得階層	連邦税					
	合計	個人所得税	給与税	法人税	遺産税	物品税
第1五分位	3.3	-5.5	7.2	0.5	0.0	1.1
第2五分位	8.0	-1.1	7.6	0.7	0.0	0.9
第3五分位	13.2	3.8	7.8	0.9	0.0	0.8
第4五分位	16.9	7.0	8.2	1.1	0.0	0.7
第5五分位	24.0	15.5	5.8	2.0	0.2	0.5
上位1%	29.6	23.5	2.2	3.2	0.3	0.3

所得階層	州・地方税				連邦・州・地方税
	合計	所得課税	資産課税	消費課税	
第1五分位	11.4	0.1	4.2	7.1	20.4
第2五分位	10.1	1.3	2.8	5.9	22.4
第3五分位	9.9	2.1	3.0	4.8	25.5
第4五分位	9.5	2.7	3.0	3.8	27.8
81〜95%	8.9	3.2	2.9	2.7	30.2
96〜99%	0.0	3.8	2.6	1.7	31.0
上位1%	7.4	4.9	1.7	0.9	34.4

注1）平均実効税率を示している。
注2）連邦税と連邦・州・地方税は2020年，州・地方税は2018年。
出所：連邦税はTax Policy Center（2020），州・地方税はInstitute on Taxation and Economic Policy（2018），連邦・州・地方税はInstitute on Taxation and Economic Policy（2020）より作成。

　所得課税の役割が大きい連邦税とは対照的に，資産課税や消費課税の役割が大きい州・地方税の負担は逆進的であり，所得が高くなるほど税負担が軽い。そのため，租税経済政策研究所の推計が示しているように，連邦，州，

210

アメリカの格差と再分配　第**8**章

地方税を含むアメリカ税制全体の負担は連邦税よりも緩やかな累進的負担となる[7]。

　このようにアメリカの税制において再分配の役割を中心的に担うのは連邦政府の税制であり，その中軸をなす個人所得税（連邦個人所得税）である。連邦個人所得税は基本的に総合所得に超過累進税率で課税される[8]。課税所得は給与・賃金，事業所得，利子所得，配当所得，キャピタル・ゲイン，年金所得などの所得を合算した調整総所得から所得控除と基礎控除を差し引いて算出される。

　税率は7段階（10%，12%，22%，24%，32%，35%，37%）の超過累進税率である（2020課税年）。最高限界税率（37%）が適用される課税所得金額を申告類型別にみると，単身者申告で51万8,400ドル超，既婚者共同申告で62万2,050ドル超である。

　税額控除には控除額が納税額を上回る場合にその差額が還付される還付型と還付が行われない非還付型がある。多くの税額控除は非還付型であるが，還付型として低所得者の就労を促進しつつ所得保障を行う勤労所得税額控除，子育ての経済的負担軽減を図る児童税額控除などがある。連邦個人所得税の負担において，第1五分位と第2五分位の平均実効税率が負の値になるのは還付型税額控除による還付が行われているためであり，低所得者を対象とする還付型税額控除は所得格差の是正において大きな役割を果たしている。

3．アメリカにおける社会保障支出の特徴

　給付の面から再分配を担うアメリカの社会保障支出はどのような特徴を備えているのだろうか。国際的な視点からみると，アメリカの社会保障支出の規模（対GDP比）は比較的小さい[9]。アメリカの規模（18.4%）はOECD平均（20.2%）よりも小さく，OECD加盟36か国の中で21番目の大きさである（**図表 8 -17**）。

　分野別にみるとアメリカでは高齢と家族における支出が比較的小さい。高齢における支出が小さい背景には高齢化率（2021年現在16.8%）や公的年金

211

第 **Ⅱ** 部　世界の格差

の給付水準が比較的低いことなどがある[10]。家族における支出が小さい背景には，子育ては家庭の責任であるとする考えが強いこと，すべての子育て世帯を対象とする児童手当が導入されていないことなどがある。一方，アメリカは公的医療保障の対象が高齢者，障がい者，低所得者，無保険状態の子どもに限られているにもかかわらず，医療費が非常に高額なため保健における支出は比較的大きい。

図表 8 -17　社会保障支出（対GDP比）の国際比較　2017年

(%)

	高齢	遺族	障害	保健	家族	積極的労働市場政策	失業	住宅	その他	合計	順位
アメリカ	6.5	0.6	1.1	8.4	0.6	0.1	0.2	0.3	0.7	18.4	21
デンマーク	9.6	0.0	4.9	7.1	3.4	2.0	0.0	0.7	1.5	29.2	3
スウェーデン	9.1	0.3	3.8	6.5	3.4	1.2	0.3	0.4	1.1	26.0	7
フランス	12.5	1.6	1.7	8.8	2.9	0.9	1.6	0.8	0.9	31.5	1
ドイツ	8.4	1.8	2.3	8.2	2.3	0.7	0.9	0.6	0.3	25.4	8
イタリア	13.2	2.5	1.8	6.4	2.0	0.6	0.9	0.0	0.3	27.6	5
カナダ	4.5	0.3	0.7	7.5	1.7	0.2	0.6	0.3	2.2	18.0	22
イギリス	5.9	0.0	1.9	7.7	3.2	0.2	0.1	1.3	0.1	20.5	17
日本	10.1	1.2	1.1	7.6	1.6	0.1	0.2	0.1	0.4	22.3	13
OECD平均	7.5	0.9	2.1	5.7	2.1	0.5	0.6	0.3	0.5	20.2	―

注1）「高齢」は老齢年金など，「遺族」は遺族年金など，「障害」は障害年金など，「保健」は医療など，「家族」は家族手当，育児支援，就学前教育など，「積極的労働市場政策」は職業紹介，職業訓練，雇用拡大助成など，「失業」は失業保険給付，「住宅」は公的住宅など，「その他」は公的扶助などが含まれる。
注2）順位は「合計」についてOECD加盟36か国を降順で並べた順番。
注3）OECD平均は加盟36か国の平均。
出所：OECD. Stat, *Social Expenditure Database*（SOCX），Aggregated Dataより作成（https://stats.oecd.org/Index.aspx?datasetcode=SOCX_AGG）（2022年9月13日参照）。

　アメリカの社会保障支出は小さいが，**図表 8 -17**の社会保障支出は，直接的な支出を示すグロスの公的社会支出であり，社会保障給付に対する租税・社会保障負担や民間部門における福祉の促進を図る社会目的の租税優遇措置は考慮されない。そこで，これらを考慮したネットの公的社会支出の規模（対

212

GDP比）をみると[11]，アメリカでは，社会保障給付に対する租税・社会保障負担が軽いうえ，民間医療保険や私的年金などの促進を図る社会目的の租税優遇措置（租税支出）が大規模に活用されているため，アメリカの規模（20.3％）はOECD平均（17.7％）よりも大きい（**図表8-18**）。

　さらに，アメリカでは特に医療や高齢者の所得保障において民間部門の役割が大きいため，OECD加盟国の中でネットの私的社会支出の規模が突出して大きい。その結果，ネットの公的社会支出とネットの私的社会支出をあわせたネットの社会支出合計の規模（対GDP比）では，アメリカの規模（29.6％）はOECD平均（20.3％）よりも大幅に大きくなり，OECD加盟36か国の中で2番目に大きい（**図表8-18**）。

図表8-18　ネットの社会支出（対GDP比）の国際比較　2017年

(%)

	アメリカ	デンマーク	スウェーデン	フランス	ドイツ	イタリア	日本	カナダ	イギリス	OECD平均
①グロスの公的社会支出	18.4	29.2	26.0	31.5	25.4	27.6	22.3	18.0	20.5	20.2
②給付への租税・社会保障負担	1.0	6.3	4.3	4.5	3.7	5.3	1.4	1.3	2.0	2.9
③社会目的の租税優遇措置	2.8	0.0	0.0	0.8	2.1	0.8	0.3	0.8	0.1	0.5
④ネットの公的社会支出	20.3	22.9	21.8	27.8	23.8	23.1	21.1	17.5	18.6	17.7
⑤グロスの私的社会支出	12.5	3.8	3.8	3.6	3.6	1.9	2.9	7.1	6.4	3.2
⑥給付への租税・社会保障負担	1.0	1.5	1.2	0.2	1.0	0.3	0.3	1.1	1.6	0.5
⑦ネットの私的社会支出	11.5	2.3	2.6	3.3	2.6	1.6	2.6	5.9	4.8	2.7
⑧ネットの社会支出合計	29.6	25.2	24.4	31.2	25.2	24.7	23.8	23.1	23.3	20.3
順位	2	3	10	1	4	7	12	14	13	―

注1）④＝①－②＋③，⑦＝⑤－⑥，⑧＝④＋⑦。ただし，⑧の算出においては二重計算を避けるために③の一部を除いている。
注2）順位は「ネットの社会支出合計」についてOECD加盟36か国を降順で並べた順番。
注3）OECD平均は加盟36か国の平均を示す。
注4）四捨五入により合計が一致しないことがある。
出所：OECD, *Social Expenditure Database*（*SOCX*），net social spending dataより作成（https://www.oecd.org/social/expenditure.htm）（2022年9月13日参照）。

　このようにアメリカは社会保障支出（グロスの公的社会支出）が小さいが，租税優遇措置を大規模に活用し，民間部門の福祉を促している。しかし，租

213

第**II**部　世界の格差

税優遇措置の大規模な活用は税制の所得格差を縮小する役割を弱めている。確かに勤労所得税額控除や児童税額控除は低所得層に利用されているが，一方で雇用主提供医療保険や民間年金拠出，住宅担保ローン利子控除など社会保障関連の租税優遇措置の多くが高所得層に利用されている[12]。租税優遇措置の便益の多くは高所得層に帰着しており，社会保障における租税優遇措置の大規模な活用は再分配の面で問題がある[13]。

⑤ おわりに

　本章ではアメリカにおける経済格差と財政による再分配について，その現状と特徴を国際比較の視点を交えて学んできた。アメリカでは経済格差が拡大しており，一部の富裕層に所得や資産が集中している。そして格差は親から子へ世代を超えて継承される傾向が強く，経済的に上昇する機会は平等ではない。アメリカは先進諸国の中で経済格差と貧困の最も大きい国の１つであるが，所得格差を是正することを政府の役割として期待する人は少なく，財政の再分配効果は小さい。

　本章ではアメリカの経済格差を量的データの面から学んだ。格差の状況を把握するために量的データは欠かせないが，それだけではアメリカの人々が格差社会をどのように生きているかは捉えられない。本章の学びをより深めるために，格差社会アメリカにおけるさまざまな人々の生きる姿を学ぶことも重要である[14]。

注

　１）1980年代から主要先進国では所得格差が拡大しているが，アメリカでは上位１％の所得占有率が他国に比べて際立って大きく上昇している（OECD 2014, pp.3-4.）。
　２）ピケティはアメリカにおける所得格差拡大の特徴的要因として大企業経営者が高額報酬を得ていることを指摘している（ピケティ 2014, pp.310-315, 326-327）。
　３）調査は22か国を対象に行われているが，ここでは主要先進国として７か国を比較した。

214

4）ジニ係数はCongressional Budget Office（2021a）Data Underlying Exhibit 26による。

5）2019年度における連邦政府収入の内訳は個人所得税50％，給与税36％，法人税7％，物品税3％，その他5％である（Tax Policy Center 2020）。

6）その理由として，給与税の一部には課税所得の金額に上限が設定されていること，課税所得が賃金所得に限られており，高所得者ほど所得に占める割合の大きい配当やキャピタル・ゲインが含まれていないことがある。

7）租税負担の配分の推計はどのような方法で推計するかによって結果が異なる。サエズとズックマンの推計によれば，すべての連邦税，州税，地方税を含むアメリカ税制全体の負担はほとんどの所得階層で平均税率25〜30％の比例的負担に近いが，超富裕層では逆進的になり，最上位400人では平均税率が23％に低下する（サエズ，ズックマン2020，pp.38-39）。

8）連邦個人所得税の仕組みについてはBurman and Slemrod（2020）pp.28-33, Tax Policy Center（2020）を参照。

9）アメリカにおける社会保障財政の特徴について池上・谷（2019）pp.372-377を参照。

10）高齢化率はOECD, Elderly Population（https://data.oecd.org/pop/elderly-population.htm）（2022年10月11日参照）による。アメリカにおける公的年金の給付水準について茂住（2018）p.252を参照。

11）グロスの公的社会支出とネットの公的社会支出の比較について関口（2015）pp.29-32，Adema, et al.（2014）を参照。

12）Congressional Budget Office（2021b）p.14.

13）関口（2015）pp.285-289，谷・吉弘（2011），茂住（2018）pp.266-267を参照。

14）パットナム（2017）は，アメリカにおいて子どもの貧富の格差が家族構造，育児，学校教育，コミュニティにおける機会の格差にどのように結びついているかを量的データだけでなくさまざまな人々のライフストーリーから具体的に明らかにしており，本章の学びを深められるだけでなく，格差社会について考えるためにおすすめの文献である。

参考文献

池上岳彦・谷達彦（2019）「財政からみたカナダの社会保障—アメリカとの対比を含めて」後藤玲子・新川敏光編『新・世界の社会福祉　第6巻　アメリカ合衆国／カナダ』旬報社，カナダ編第3章，372-415頁。

ケース，アン／ディートン，アンガス（松本裕訳）（2021）『絶望死のアメリカ—資本主義がめざすべきもの』みすず書房。

サエズ，エマニュエル／ズックマン，ガブリエル（山田美明訳）（2020）『つくられた格差　不公平税制が生んだ所得の不平等』光文社。

関口智（2015）『現代アメリカ連邦税制―付加価値税なき国家の租税構造』東京大学出版会。

谷達彦・吉弘憲介（2011）「アメリカ型福祉国家―「小さな政府」を支えるメカニズム」井手英策・菊地登志子・半田正樹編『交響する社会「自律と調和」の政治経済学』ナカニシヤ出版，第8章，251-280頁。

パットナム，ロバート（柴内康文訳）（2017）『われらの子ども―米国における機会格差の拡大』創元社。

ピケティ，トマ（山形浩生・守岡桜・森本正史訳）（2014）『21世紀の資本』みすず書房。

茂住政一郎（2018）「アメリカの福祉財政―残余的な社会保障，罰則的なワークフェア，『水没した国家』」高端正幸・伊集守直編『福祉財政』ミネルヴァ書房，第16章，251-269頁。

Adema, Willem, Pauline Fron, and Maxime Ladaique (2014) How much do OECD countries spend on social protection and how redistributive are their tax/benefit systems?, *International Social Security Review*, 67, pp.1-25.

Alesina, Alberto, Stefanie Stantcheva, and Edoardo Teso (2018) Intergenerational Mobility and Preferences for Redistribution, *American Economic Review*, 108 (2), pp.521-554.

Burman, Leonard E. and Joel Slemrod (2020) Taxes in America: *What Everyone Needs to Know®, Second Edition*, NY: Oxford University Press.

Chetty, Raj (2016) Socioeconomic Mobility in the United States: New Evidence and Policy Lessons, in Susan M. Wachter and Lei Ding (eds.), *Shared Prosperity in America's Communities*, Philadelphia: University of Pennsylvania Press, pp.7-19.

Chetty, Raj, Nathaniel Hendren, Patrick Kline, Emmanuel Saez and Nicholas Turner (2014a) Is the United States Still a Land of Opportunity? Recent Trends in Intergenerational Mobility, *American Economic Review: Papers and Proceedings*, 104 (5), pp.141-147.

Chetty, Raj, Nathaniel Hendren, Patrick Kline, Emmanuel Saez (2014b) Where is the Land of Opportunity? The Geography of Intergenerational Mobility in the United States, *Quarterly Journal of Economics*, 129 (4), pp.1553-1623.

Chetty, Raj, Nathaniel Hendren, David Grusky, Maximilian Hell, Robert Manduca, and Jimmy Narang (2017) The Fading American Dream: Trends in Absolute Income Mobility Since 1940, *Science 356* (6336) , pp.398-406.

Congressional Budget Office (2021a) The Distribution of Household Income, 2018, August, (https://www.cbo.gov/publication/57061#data) (2022年5月18日参照).

Congressional Budget Office (2021b) The Distribution of Major Tax Expenditures in 2019, October, (https://www.cbo.gov/system/files/2021-10/57413-

TaxExpenditures.pdf）（2022年10月27日参照）.

Institute on Taxation and Economic Policy（2018）Who Pays? A Distributional Analysis of the Tax System in All 50 States,（https://itep.sfo2.digitaloceanspaces.com/whopays-ITEP-2018.pdf ）（2022年10月20日参照）.

Institute on Taxation and Economic Policy（2020）Who Pays Taxes in America in 2020?, July（https://itep.sfo2.digitaloceanspaces.com/WPTiA-2020_ITEP.pdf）（2022年10月20日参照）.

Krueger, Alan B.（2012）The Rise and Consequences of Inequality in the United States,（https://obamawhitehouse.archives.gov/sites/default/files/krueger_cap_speech_final_remarks.pdf）（2023年1月5日参照）.

Lindert, Peter H. and Jeffrey G. Williamson（2016）*Unequal Gains: American Growth and Inequality since 1700*, Princeton: Princeton University Press.

Mishel, Lawrence and Jori Kandra（2021）CEO pay has skyrocketed 1,322% since 1978, Economic Policy Institute, August 10（https://files.epi.org/uploads/232540.pdf）（2022年5月26日参照）.

OECD（2014）*United States: Tackling High Inequalities Creating Opportunities for All*, Paris: OECD.

OECD（2015）*In It Together: Why Less Inequality Benefits All*, Paris: OECD.

OECD（2021）*Does Inequality Matter? How People Perceive Economic Disparities and Social Mobility*, Paris: OECD.

Pew Research Center（2022a）COVID-19 Pandemic Pinches Finances of America's Lower- and Middle-Income Families,（https://www.pewresearch.org/social-trends/2022/04/20/covid-19-pandemic-pinches-finances-of-americas-lower-and-middle-income-families/）（2022年8月25日参照）, April 20, Washington, D.C.: Pew Research Center.

Pew Research Center（2022b）How the American Middle Class Has Changed in the Past Five Decades,（https://www.pewresearch.org/fact-tank/2022/04/20/how-the-american-middle-class-has-changed-in-the-past-five-decades/）（2022年9月21日参照）, April 20, Washington, D.C.: Pew Research Center.

Rahman, Fahmida and Daniel Tomlinson（2018）*Cross Countries: International Comparisons of Intergenerational Trends*, Resolution Foundation.

Shrider, Emily A., Melissa Kollar, Frances Chen, and Jessica Semega（2021）*Income and Poverty in the United States: 2020*, U.S. Census Bureau, Current Population Reports, P60-273, Washington, D.C.: U.S. Government Printing Office.

Tax Policy Center（2020）Briefing Book,（https://www.taxpolicycenter.org/sites/default/files/briefing-book/tpc_briefing_book-may2022.pdf）（2022年10月20日参照）.

The Pell Institute for the Study of Opportunity in Higher Education of the Council for Opportunity in Education (COE) and Alliance for Higher Education and Democracy, University of Pennsylvania (Penn AHEAD) (2022) *Indicators of Higher Education Equity in the United States: 2022 Historical Trend Report* (http://pellinstitute.org/downloads/publications-Indicators_of_Higher_Education_Equity_in_the_US_2022_Historical_Trend_Report.pdf)(2022年9月23日参照).

Wolf, Edward N. (2021) Household Wealth Trends in the United States, 1962 to 2019: Median Wealth Rebounds…But Not Enough, *NBER Working Paper* No. 28383, January.

索　引

A〜Z

COVID-19 ……………………………… 75
Kotlikoff 基準 ………………………… 79
Musgrave 基準 ………………………… 79
WHO …………………………………… 43
γ（型）構造 …………………………… 114

あ

アウトリーチ …………………………… 107
アヘン戦争 ……………………………… 174
アメリカ税制 …………………………… 209
アメリカの社会保障支出 ……………… 211
安定成長期 ……………………………… 8

イギリス東インド会社 ………………… 187
「痛み」のメニュー …………………… 77
一億総中流 …………………… 8, 10, 21
一億総貧困化 ………………… 13, 22
一時移民 ………………………………… 147
一時点における世代間格差 …………… 58
一家両制 ………………………………… 130
一国両制 ………………………………… 130
一般政府 ………………………………… 62
移転支出 ………………………………… 68

ウェッブ夫妻（Webb, S. & B.）……… 86
失われた20年 …………………………… 11

永住移民 ………………………………… 147
エスニック・ナショナリズム ………… 146
エンゲル係数 …………………………… 6

オランダ東インド会社 ………………… 189

か

外国人雇用許可制度 …………………… 155
格差社会 …………………………… 21, 22
家計調査 ………………………………… 4
学校外教育支出 ………………………… 102
過労死 …………………………………… 42
幹部 ……………………………………… 132
元利保証制度 ………………… 187, 193

機会格差 ………………………………… 203
ギデンズ（Giddens, A.）……………… 89
旧産業 …………………………………… 179
狂乱物価 ………………………………… 8
金本位制 ……………………… 189, 190
金利生活者国家 ………………………… 183

グローバリゼーション ………………… 192
グローバル化 …………………………… 126
グローバル経済 ……… 172, 176, 182, 191, 192
グロスの公的社会支出 ………………… 212

『経済学及び課税の原理』……………… 173
経済格差 ……………………… 196, 201
経済的排除 ……………………………… 90
ケイパビリティ（潜在能力）の欠如 … 90
結婚移民 ………………………………… 152
健康日本21（第二次）………………… 49
現在世代 ………………………………… 67

口腔崩壊 ………………………………… 47
交通・通信革命 ………………………… 174
行動規制 ………………………………… 76
高度経済成長期 ………………………… 7
高齢期の所得格差 ……………………… 98
高齢者間での資産格差 ………………… 96

高齢者世帯 94
コーホート 78
五カ年計画 120
国債 62
国際金本位制 186, 191, 193
国際収支発展段階説 193
国際貧困ライン 86
『国富論』 173
国民国家 144
国民生活に関する世論調査 8
戸籍制度 123, 131
子どもの貧困率 87
コブデン・シュヴァリエ協定 173

さ

在外同胞 148, 150
最恵国原則 192
最恵国条項 173, 192
最恵国待遇 192
財政的幼児虐待 71
財政による再分配 206
財政の再分配効果 207
再分配所得 66
サイレント・プア 104
産業革命 174, 179
三線建設 121
三大改造 137

資産格差 198
シティ（The City of London） 176
ジニ係数 4, 14, 16
社会関係からの排除 104
社会的排除 89, 90
社会保険 32
就業構造基本調査 21
重商主義政策 174
就職氷河期 13, 26
自由貿易政策 173, 174, 192

自由貿易体制 173, 174
自由貿易帝国主義 173
受益 68
主観的健康観 45, 49, 50
純受益 65
純負担 68
生涯純受益額 69
生涯純負担額 67
生涯純負担率 67
生涯を通じた世代間格差 59
蒸気機関 174
小聚居 117
少数民族優遇政策 119
将来世代 67
所定内給与額 28, 31
所得格差 196
所得再分配調査 4, 20, 65
シルバー民主主義 73
新型コロナウイルス感染症（COVID-19） 75
新型コロナウイルス感染症拡大による格差
　と貧困 105
人口の減少・高齢化 64
新産業 179
深度貧困世帯 99
新入植地域 180, 192

スエズ運河 175
スミス（Smith, A.） 173

生活困窮者向けの相談窓口 106
生活保護受給世帯 92
生産請負制 127
政治的排除 90
成熟債権国 183
西部大開発 123
政府の異時点間の予算制約 68
世界銀行 85
「世界市場直結型」鉄道 187

世界の銀行 ………………………… 183
世界の工場 ………………… 174, 183
世界保健機構（WHO）…………… 43
世代会計 ……………………………… 67
世代間移動性 ……………………… 204
世代間格差 …………………………… 58
世代間均衡 …………………………… 69
世代間の所得移転 ………………… 64
世代間不均衡 ………………………… 69
世代別選挙区方式 ………………… 79
世帯保護率 …………………………… 94
世帯類型・世帯人員別被保護世帯 … 93
世帯類型別被保護世帯 …………… 93
絶対的貧困 ………………… 6, 85, 88
ゼロコロナ政策 …………………… 139
ゼロサムゲーム ……………………… 68
セン（Sen, A.）…………………… 90
全国家計構造調査 ………………… 20

相対的剥奪 …………………………… 88
相対的剥奪指標 ……………………… 88
相対的貧困 ……………………… 85, 88
相対的貧困率 ……………… 87, 201
ソーシャルキャピタル …………… 52
促進的側面 …………………………… 91
租税優遇措置（租税支出）……… 213

た

第1次貧困 …………………………… 85
第2次貧困 …………………………… 85
大雑居 ……………………………… 117
第二次産業革命 …………………… 179
大躍進 ……………………………… 127
多角的の貿易システム ……… 172, 173, 175, 178, 183, 186
多次元貧困指数 ……………………… 86
脱ナショナリズム ………………… 167
多文化共生 ………………………… 145

多文化政策 ………………………… 156
短期被保険者証 ……………………… 45

地域格差 …………………………… 116
朝貢貿易体制 ……………………… 174
朝鮮戦争 ……………………………… 7
賃金構造基本統計調査 …………… 21

ディアスポラ ……………………… 148
ディープ・プア（深度貧困）…… 100
天安門事件 ………………………… 127

同一価値労働同一賃金ガイドライン … 38
同一価値労働同一賃金原則 ……… 37
当初所得 ……………………………… 66
東北振興 …………………………… 123
都市化 ……………………………… 134
ドメイン投票方式 ………………… 79

な

ナショナリズム …………………… 167

二重経済構造 ……………………… 133
日本型ワークシェアリング ……… 39

ネットの公的社会支出 …………… 212
年功賃金カーブ ……………………… 28
年代別投票率 ………………………… 73
年齢間の受益・負担構造 ………… 64

は

剥奪 ………………………………… 103
恥・自己評価の低さ ……………… 104
働き方改革関連法 …………………… 38
パックス・ブリタニカ ……… 172, 191
バブル経済 …………………………… 10
パワーレス／ボイスレス ………… 104
パンデミック ……………… 75, 138

221

非移転支出 68
比較優位財 173, 182
非難・軽蔑 104
被保険者資格証明書 45
ヒルガート（Hilgerdt, F.） 192
貧困の世代間連鎖（負の連鎖） 103
貧困率 200

夫婦関係満足度 47
賦課方式財政 61
父子世帯 99
ふたり親世帯 99
負担 68
不法就労者 153, 154
不法滞在者 154
不本意非正規 42
ブレトン・ウッズ会議 192
文化大革命 120

ベアリング商会 176
平均余命投票方式 80
ベーシックインカム 107
ベッセマー製鋼法 174
ベル（Bell, A.G.） 175

保護的側面 91
母子世帯 99
ホワイトカラー 128
本国費 188, 189

ポンド体制 186

ま

マーシャル（Marshall, T.H.） 89
マーチャント・バンク 176, 192
マルコーニ（Marconi, G.） 175

南アフリカ連邦 186, 190, 193
民間給与の実態統計調査 21
民族格差 117

モールス（Morse, S.F.B.） 175
もはや「戦後」ではない 6

ら

ラウントリー（Rowntree, B.S.） 85

リカード（Ricardo, D.） 173

老齢年金の受給額 97
ローズ（Rhodes, C.） 189
ローレンツ曲線 14, 15
ロスチャイルド商会 176, 191

わ

ワーキングプア 99
ワット（Watt, J.） 174
割引現在価値 67

【執筆者紹介】［執筆順］

熊沢　由美（くまざわ・ゆみ）　〔編集，第1章1・2・4節，第2章〕
東北学院大学経済学部教授（社会保障論）

佐藤　康仁（さとう・やすひと）　〔編集，第3章〕
東北学院大学経済学部教授（加齢経済論）

板　明果（いた・さやか）　〔第1章3節〕
東北学院大学経済学部准教授（環境政策・環境社会システム）

阿部　裕二（あべ・ゆうじ）　〔第4章〕
東北福祉大学総合福祉学部教授（社会保障論）

王　元（おう・げん）　〔第5章〕
東北文化学園大学経営法学部教授（中国の政治と社会）

郭　基煥（かく・きかん）　〔第6章〕
東北学院大学経済学部教授（社会学・差別論）

佐藤　純（さとう・じゅん）　〔第7章〕
東北学院大学経済学部教授（西洋経済史）

谷　達彦（たに・たつひこ）　〔第8章〕
東北学院大学経済学部准教授（財政学）

2016年5月10日　初　版　発　行
2019年3月15日　新　版　発　行
2022年5月10日　新版2刷発行
2023年3月10日　第3版発行　　　　　　　　　略称：格差社会論（3）

格差社会論（第3版）

編著者　　Ⓒ　　熊　沢　由　美
　　　　　　　　佐　藤　康　仁

発行者　　　　　中　島　豊　彦

発行所　同 文 舘 出 版 株 式 会 社
東京都千代田区神田神保町1-41　〒101-0051
営業 (03) 3294-1801　　編集 (03) 3294-1803
振替 00100-8-42935 http://www.dobunkan.co.jp

Printed in Japan 2023　　　　　　　　製版：一企画
　　　　　　　　　　　　　　　　　印刷・製本：三美印刷
　　　　　　　　　　　　　　　　　装丁：(株)オセロ

ISBN978-4-495-46543-8

JCOPY〈出版者著作権管理機構 委託出版物〉
本書の無断複製は著作権法上での例外を除き禁じられています。複製される
場合は，そのつど事前に，出版者著作権管理機構（電話 03-5244-5088，FAX
03-5244-5089，e-mail: info@jcopy.or.jp）の許諾を得てください。